培养优等生

变换别的角度和角色看

岳璺兰　主编

黄河水利出版社

·郑州·

图书在版编目（C I P）数据

变换别的角度和角色看 / 岳墨兰主编. — 郑州 ：
黄河水利出版社，2013. 11
（培养优等生）
ISBN 978-7-5509-0615-0

Ⅰ. ①变… Ⅱ. ①岳… Ⅲ. ①人际关系-青年读物
②人际关系-少年读物Ⅳ. ①C912.1-49

中国版本图书馆 CIP 数据核字(2013)第 275907 号

出版发行：黄河水利出版社
社　　址：河南省郑州市顺河路黄委会综合楼 14 层（编码：450003）
电　　话：0371 - 66026940
网　　址：http://www.yrcp.com

印　　刷：三河市人民印务有限公司
开　　本：787 mm × 1 092 mm　1/16
印　　张：17
字　　数：306 千字
版　　次：2013 年 11 月第 1 版　2021 年 8 月第 2 次印刷
定　　价：39.90 元

目　录

第一天

第二天

第三天

第四天

第五天

第六天

书中 5 名接纳演讲团成员自我介绍

大亨：

过去差不多所有的人都认为我是一个自以为是、装腔作势的家伙，人际关系很糟糕。自从我用了接纳以后，感觉万事亨通，于是周围人都友善地叫我大亨。我今年 50 多岁，就算是个小老板吧，在我还没学习、运用接纳的时候，手下的人对我不够忠诚，企业缺乏凝聚力；自从我运用了接纳以后，一切都得心应手了。我的感受是——无论你是男是女，无论你年龄有多大，无论你是领导还是普通百姓，无论你做的是什么工作……都应该学会使用接纳，用了接纳，心想事成！接纳是自然法则，接纳是宇宙大道！！！

大小姐：

我今年40多岁，过去我是抱怨者、唠唠叨叨说教者、责怪责骂者、命令者、自以为是主观建议者……老公、孩子、同事、朋友都挺讨厌我的。后来学习了接纳才明白，一切责任都在我。当我变成了善于接纳的人以后，我在家中和外面的威信都立即发生了很大变化。我老公以前说我是无事生非的人，现在叫我“大小姐”，他说有文化涵养的女人才配得上这个称呼，他叫我“大小姐”是对我变化的嘉许。

小九九：

我今年30多岁，是保险营销员。以前我爱耍小聪明，喜欢占便宜。结果我发现我的朋友越来越少，机会也越来越少，我曾感觉非常孤独和绝望。自从学习了接纳，我明白了——是我自私的心态和狭隘的人格导致了自己的舞台和世界越来越小，正所谓贪小便宜，吃大亏。后来，我不断改变自己的心态，提升自己的人格层次，时刻注意觉察，时刻运用接纳，结果我成了分公司推销保险的冠军。以前别人叫我小九九是因为我小气，喜欢算小账；如今我仍然叫小九九，是因为我学会了算大账。相信吧，接纳一定能给您带来好运!

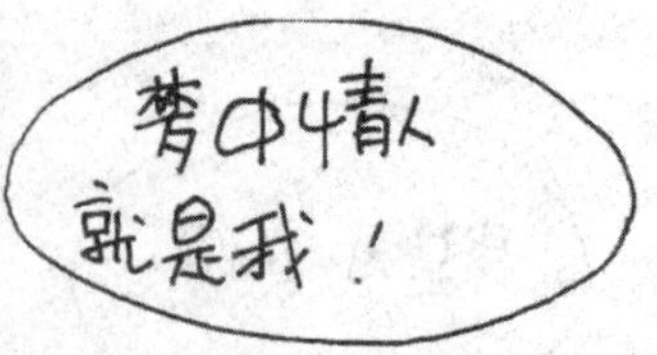

梦中情人：

本人算是天生丽质，可是恋爱却是恋一个，跑一个。无奈之下走进了听说是可以改变命运的接纳课堂。哇！幸亏我没错过这次学习的机会，否则很可能一生都不会有人真正喜欢我。接纳把我锤炼得有内涵和魅力了，以前我是有模样，没气质，凡事儿先为自己打算，不习惯站在对方的角度思考问题，心灵空虚……这些可能都是父母娇惯的结果；现在我是气质得分比容貌得分还多。现在爱我的人竟然是一个白马王子，并且他说——我就是他的梦中情人。哇噻！我们相处得很甜蜜，秘密就在于我会接纳了。我想说：人生各种烦恼和痛苦都是因为没有接纳造成的，唯有接纳才可以让人离苦得乐！

开心果：

我今年 13 岁，长得很丑，对不起观众，但却不知这长相是我对不起父母，还是父母对不起我。反正我父母原来都不太喜欢我，经常无缘无故责怪责骂我，老师和同学也不重视我，我都快被他们共同打入地狱了。幸亏老天爷给我创造了参加接纳特训的机会，让我摇身一变，成了班里最有智慧和魅力的人，老师和同学都对我刮目相看，大家都说一看见我就开心，那是因为我使用了接纳秘诀的关系。我还荣幸地当选为大班长。我爸妈也开始喜欢我了，我接纳了他们，他们也开始接纳了我，现在他们绝对听我的，甚至把我当成了开心果。哈哈哈！要想每时每刻都开心，赶快学习接纳吧！

我们 5 个人组成了一个接纳讲师团，我们决定用 6 天的时间把接纳的基础常识和具体应用方法说清说透，从而使您更好地把接纳应用在生活和工作中。祝您好运！！！

第一天

很高兴，我们终于见面了！我们 5 个人先分别说一说对接纳的理解，然后讲述接纳是如何改变我们各自的命运的。

不接纳，寸步难行；

接纳，万事亨通！

我们说一说接纳常识

大亨：什么叫接纳

我先来说一说什么叫接纳，我选择的是关于接纳最通俗、最简单的表达方式。需要说明的是，你会在书中逐渐发现关于接纳的更多、更详细、更深入的解释。

用最通俗的话讲，接纳就是从系统和整体出发，更客观、更具体地看清楚一个人或一件事儿，然后制定最佳决策，达成多方共赢的目的。

大小姐：接纳的近义词

读者朋友，你能说出“接纳”的近义词吗？我告诉你几个，也许通过这些近义词你会更好地理解“接纳”。

接纳的近义词是：同理、同频、同感、通心、理解、共鸣、共情、换位思考、站在对方的角度思考问题等。

这些近义词所表达的意思，都是接纳所包含的意思，然而接纳的内涵和外延又都比它们丰富得多。

小九九：快速解读对方内心密码

我先要与你分享的是——与人沟通互动的时候如何接纳

“接纳”就是在与人沟通、互动的时候，注意接收、容纳、捕捉、解读对方传达出的各种主要信息，然后利用这些信息做出更妥当、更艺术、更有效、更有利于达成目的的回应。

接纳的当下应该接收、容纳、捕捉、解读对方传达出的以下 7 种主要信息：

1.对方当下的目的和意图是什么；

2.对方当下的情绪怎样；

3.对方当下占主导地位的价值观是什么；

4.对方属于哪种性格类型(活泼型、力量型、完美型、和平型)；

5.对方的生命层次；

6.对方当下是哪个层次的小我在表演(请看书后附录注解)；

7.对方最需要我们做出什么回应……

开心果：接纳的检验标准

检验你是否接纳了的标准：

●你是变得“∨”(发啦)了，还是变得“∧”(趴啦)了(请看书后附录注解)；

●你是变成了责任者，还是变成了抱怨者；

●你是扮演了能够同理对方、理解对方、善于换位思考的达观者，还是扮演了自以为是的主观建议者、主观说教者、主观命令者；

●你拥有的是积极正面的情绪，还是消极负面的情绪；

●你注重的是长远大利，还是眼前小利；

●你离你的目标更近了，还是更远了；

●你的人格是提高了，还是下降了；

●你变得是更伟大了，还是更渺小了；

●你变得是更主动了，还是更被动了；

●事态发展对你更有利了，还是对你更不利了；

●你的处境更安全了，还是更危险了；

●你更有智慧了，还是更困扰了；

●你更理性了，还是更情绪了。

如果接纳之后出现的是前面状态，你就接纳了，反之你就没有接纳或接纳得不够。

梦中情人:接纳的核心

我认为接纳的核心就是——“理解”这两个字。每个人都渴望被理解,被理解了,就是被接纳了。

接纳改变了我们各自的命运

大亨：接纳让我度过了企业危机

可以说我是在四面楚歌的情况下才被人逼着走进了“接纳特训营”。事情的起因是这样的：我所在的企业是由3个人平均出资组建的。我是其中一个股东，兼任董事长、总经理，另外两个股东一个姓万，一个姓蒋。万股东是女的，负责财务；蒋股东是男的，负责营销。他们当时之所以认可我当董事长兼总经理，主要看重的是我的大鼻头，说我鼻子大，财运好，能给企业带来好运。其实我们企业的效益的确一直都还可以。

可是大约半年前，万股东和蒋股东突然要求紧急召开董事会，他俩联合要罢免我这个董事长、总经理。理由是全体员工以及两位股东对我有以下8点意见：

- 表情冷酷、装腔作势
- 说话习惯伤人自尊
- 瞧不起人
- 常常有意刁难人
- 势利眼

●听不进别人意见

●缺乏亲和力

●做事太主观、太武断、太自以为是……

他们说如果不撤我的职，能干的员工纷纷要跳槽了。很多员工，包括万股东和蒋股东都因为我的表现搞得心里很抑郁。说摆在我面前的只有两条路可以选择，一条路是被撤销董事长、总经理的职务；另一条路是必须去参加“接纳特训营”。

突如其来的这一切，把我搞得晕头转向。在很狼狈的情况下，我只好选择了参加“接纳特训营”。当时我真的不知道什么叫接纳，也不知道“接纳特训营”是怎么回事儿，总之是无路可走了，就踏进了“接纳特训营”。

随着演练接纳的一个个环节的深入，我惊讶了：“我的妈呀！原来天底下还有这样的演练课程，好！太好了!!! ”我真的很感谢那两位股东把我逼进了这个地方。

在特训营里，导师和同学们都说我悟性好，接纳得好。我很快就成了学员中的核心人物，我知道这是因为我彻底放下了架子，每一个环节都特别投入的结果。同时也是因为我念念不忘股东和员工对我的那些意见，深刻体验了不接纳的后果，对接纳领悟得也就更深刻了。

我越来越清楚地意识到我过去所犯的一切错误，其根源都是太自以为是，缺乏接纳意识。

结束了“接纳特训营”的学习，我回到公司，立即做了 3 件事儿：

●用我自己腰包的钱，奖励全公司 51 名员工每个人 300 元。我认为是他们促使我走进了接纳课堂，从而使我完成了一次对未来人生影响极其重大的深刻变化，所以我要奖励和感激他们。

●我在全体员工大会上诚恳地向员工深鞠 3 个躬，表示对以前的不接纳行为的道歉。

●我召开董事会，制定了关心、尊重员工的 3 个制度：

1.每个季度，员工都要填写本季度个人生活目标和事业目标，企业将尽全力协助员工达成其中较为合理的目标，借此鼓励员工挖掘潜能，提高工作积极性，不断提升自身价值；

2.每个月开展一次有益于促进心理健康和心灵成长的活动，从而丰富员工的生活，借此推动员工人格不断成长，增强企业的凝聚力；

3.设立意见箱，方便员工对企业各级领导和公司业务及其发展提出各种宝贵意见，从而鞭策各级负责人更负责任地工作。

这些制度的出台，以及我所做的一切道歉行为，尤其是我时时刻刻注意接纳的实际行动彻底打动了全体员工，企业的风气变了，大家工作得都很开心。有一次我在全体员工大会上说："不接纳，寸步难行；接纳，万事亨通。"从那以后，有些同事叫我——大亨老总。

自从我运用了接纳，一切都变得得心应手了。接纳真的太重要了，无论是男是女，无论年龄有多大，无论是领导还是普通百姓，无论做的是什么工作……都应该学会使用接纳，用了接纳，心想事成！接纳是自然法则，接纳是宇宙大道!!!

五分钟作业

读者朋友，请你在5分钟之内，在3张卡片或纸上分别写上"我的一举一动会给别人带来什么感受和影响?"这句话。然后一张放在办公室里，一张放在钱包里，一张贴在家里的床头。这样卡片上的那句话就会时刻提醒你——觉察、接纳！

我就是这样做的。请你认真完成作业!!! 下次再见！

大小姐：接纳让我避免了婚姻危机

我老公叫张万成，在外人眼里我们夫妻男才女貌，是非常完美、幸福的一对，可实际上在我们没学习接纳以前却经常吵架，并且差点离婚，幸亏我们及时参加了“接纳特训营”，从真正意义上懂得了什么是接纳，如何接纳，而后过上了真正和谐、舒心的好日子。为了推广和传播接纳，我参加了接纳讲师团，现在我愿意把最初感受、领悟接纳的亲身经历讲出来，供大家分享。让我们彼此支持，不断成长。

去年夏天，我们夫妻带着 7 岁的孩子从东北赶到深圳参加“接纳特训营”。开营的前一天，我们一家人高高兴兴地去游玩深圳的一些景点。在“世界之窗”里拍录像的时候，录像机出了点小毛病，老公蹲在一块石头前修录像机。当我看见老公的额头上滚下汗珠时，就掏出纸巾为他擦汗，没想到老公突然声色俱厉地吼道：“别烦我，离远点儿！”

我当时感到十分委屈和没面子，一片柔情、一腔体贴换来的却是如此粗鲁的回应，我心里很难受，觉得堵得慌，并且又一次对我们之间的感情悲观绝望。是的，这种过分的、没修养的举动已经不是第一次了，就凭这一点他让我讨厌极了。平日里我非常想成为一个贤妻良母，对丈夫十分温柔和体贴，可是经常得到的不是赞赏和感动，而是否定和训斥，这究竟是为什么呢?我百思不得其解，甚至猜测老公一定是有了外遇，不爱自己了。我无法再忍受，而且已经没有心情再游玩了，便带着气逃离了“世界之窗”回到宾馆，倒在床上流起伤心泪。等老公带着孩子回到宾馆的时候，我仍然蒙着被子生气，拒绝跟他说话，也拒绝吃晚饭。那天我愤恨到了极点，暗自拿定主意，坚决和他离婚。那时我觉得唯有选择离婚才能痛快地发泄心中积蓄了很多的委屈和痛苦。

痛苦而漫长的夜晚终于过去了。第二天一早，我带着一肚子的糟糕情绪，面容憔悴地走进了学习、演练接纳的课堂。课堂上，当我的目光和导师的目光相遇的时候，透视力很强的导师立即看穿了我的情绪，而就在那一刻我也不由自主地溢出了伤心的泪，于是我当众讲述了前一天与老公发生的不愉快，并且郑重宣布要和老公离婚。

我的老公却立即站起来回应说:“我坚决不离!　”

于是导师连续向全体学员提出 3 个问题:

导师:我想请各位思考、回答的第一个问题是，昨天他们夫妻之间的不愉快是因为什么引发的?

同学:没有接纳。

导师:第二个问题是——谁没有接纳谁?

同学:丈夫没有接纳妻子,妻子也没有接纳丈夫。

导师:第三个问题是——谁对谁的接纳应该在先?

同学:太太对老公的接纳应该在先。

接着导师把我老公请到了台上,并让他手里拿了一个照相机当录像机,假设台上就是"世界之窗"的一个角落,假设他还是在那里修录像机,然后全体学员无论是女是男都可以到台上扮演一个在那样的情境中能够接纳老公的太太,我的老公是否被接纳了,取决于他将作出的情绪反应。台上还有一个助教扮演我们的孩子。

演练开始之前,导师提示说:"接纳别人的时候,决不能扮演自以为是的主观建议者、自以为是的主观说教者、自以为是的抱怨者、自以为是的责怪者、自以为是的命令者……因为接纳是要进入对方的频道,揣摩对方当下的意图、情绪、需求……太自以为是了、太主观了,你就是固守在自己的频道里,没有进入对方的频道。"

●接纳要进入对方的频道,不要停留在自我主观的立场上；

●接纳要站在对方的角度思考问题，千万不要自以为是；

●接纳要觉察对方的感受；

●接纳要体验对方的情绪；

●接纳要揣摩对方的意图和需要……

* 第一个上台扮演太太的是一位女士，这位女士对“老公”说：“不好修就别修了，没有录像机咱们也会玩得很开心。”

老公很不高兴地白了她一眼。

导师对第一个太太的扮演者点评如下：

凭借这位太太的表现，老公仍然感觉自己没有被接纳。因为她扮演了自以为是的主观建议者。他建议老公不必修录像机了，并且建议老公不录像也能玩得开心。可是这些建议，都是她自己主观的想法，从老公的表情回应我们可以看得出，他并不这么想。

* 又上来一位女士，并且她手里拿了一把伞，她撑开伞，举在正在修录像机的“老公”头上。

修录像机的“老公”尽管没说什么，但从表情上看得出他对太太的做法也不满意。

于是导师问大家：“这位太太又扮演了什么角色？”

很多同学回答：“自以为是的主观建议者。”

导师对第二个扮演者点评如下：

我们看得出，“老公”对这位太太的表现仍然不满意，因为她又扮演了自以为是的主观建议者。她自以为“老公”这时需要打伞，可是“老公”却并不希望这样。

这时我老公接过了导师的话说：“她在旁边撑伞，我感觉很不舒适，就好像她在监视我、给我压力……”

导师接着说：“给他撑伞和给他擦汗其实是属于同一类主观行为。”

* 第三个上来扮演太太的是一位年纪轻轻的女士，她对“老公”说：“老公你很棒，我相信你一定会把它修好的。”

修录像机的老公训斥道:“少废话！”

导师对第三个太太的扮演者点评如下:

尽管这位太太千方百计挑选了一些好听的话说，可是“老公”却认为那些都是废话，既然被看做是废话，就表明那些话还是太主观了，自己认为有意义、有用，对方却认为没有意义、没用。并且她对“老公”的赞赏感觉有点儿假，太小儿科了。

看来一不小心就容易扮演主观者，要想更完美地、更有效地实现接纳必须十分小心。

*第四个上来的是一位西装革履的男士，他也扮演太太。只见他上台后，用心地看了老公一眼，然后啥也没说，把孩子拉到一边，跟孩子玩耍着。然后“她”又旁白道:“我感觉我的老公现在不希望被打扰，所以我就和孩子在一边儿玩，但我却在用心关注老公，如果他有需要我帮忙的，我将立刻帮助他。”

当时在台上的我老公流泪了，他很激动地说:“多少年我没流泪了，这一刻我真的被感动了，可以这样说，这位扮演者真正地接纳了我，他很理解我，明白我的感受和需要，我真的很感激他，也特别希望我的妻子平时也能这样对待我。”

就在我老公被感动得流泪的时候，我终于醒悟了，原来我过去根本就不懂接纳，我和老公之间发生的一些不愉快，都是因为我没有接纳他引发的。于是我忍不住跑到了台上，很抱歉地对老公说：“对不起，以前我总是太主观、太武断、太自以为是了……尽管我的愿望是想做一个贤妻良母，可是我却总不能站在你的角度思考问题，我总是用我的感受和价值观去套用你。我以为我的感受就应该是你的感受，我的想法就应该是你的想法，我的价值观就应该是你的价值观……我的所作所为深深地伤害了你，我会改变的，现在我已经明白了，不懂得接纳的人，是永远不能成为贤妻良母的。对不起！”

老公听了我道歉的话，再一次泪流满面，他当众对我说：“以前我对你的接纳也不够，我也会努力改变我自己的。以后请你不要再轻易说出离婚这两个字，尽管我觉得你有时不能接纳我，但你早已成为我生命中的一部分，我是不可能跟你离婚的！！！”

这时我们的孩子也激动地跑到台上对我们说：“你们以前也不能接纳我、理解我，你们经常错怪我、误会我……”

孩子的话引起了我们两口子的震撼，我们夫妻俩一同当众向孩子做了道歉和承诺。孩子看到我俩很诚恳，就原谅了我们。

于是我们一家三口沉浸在了一种从来没有体验过的全新境界里。

我们三人都表示以后要努力营造彼此接纳、彼此尊重、彼此理解的氛围，让家庭的港湾更温暖。

最后我们一家人幸福地转向大家，向导师和全体学员鞠躬，感谢他们的参与和帮助。

这时场上响起了《同一首歌》的歌声：

鲜花曾告诉我你怎样走过，大地知道你心中的每一个角落，甜蜜的梦啊，谁都不会错过，终于迎来今天这欢聚时刻。

水千条山万座我们曾走过，每一次相逢和笑脸都彼此铭刻，在阳光灿烂欢乐的日子里，我们手拉手啊，想说得太多。

星光洒满了所有的童年，风雨走遍了世界的角落，同样的感受给了我们同样的渴望，同样的欢乐给了我们同一首歌。

阳光想渗透所有的语言，春天把友好的故事传说，同样的感受给了我们同样的渴望，同样的欢乐给我们同一首歌……

歌声中，同学们纷纷起立，载歌载舞抒发着内心的感动和升华。

然后，助教给每个人发了一张接纳提示卡，在导师的指导下，全体学员充满激情地读着提示卡上面的文字：

“接纳就是要站在对方的角度思考问题，进入对方的心理频道，与对方通心，感受对方的感受，透视他的意图和目的、解读他的价值观、判断他的性格类型和人格层次、揣摩他需要我们做出什么回应……”

“接纳”是一切沟通和互动的开始，忽略了“接纳”这个环节和步骤，沟通就不可能顺利进行，也不可能达成我们预想的结果和目的。

接纳未必等于赞同！！！！！！

你接纳对方的目的，并不等于赞同对方的目的；

你接纳对方的情绪，并不等于赞同对方的情绪；

你接纳对方的价值观，并不等于赞同对方的价值观……

接纳是从系统和整体出发，更客观地看明白一个人或一件事儿，也搞清楚其中的因果，然后制定最

佳决策，达成多方共赢的目的。

接纳一不小心就会充当自以为是的主观建议者，或自以为是的主观说教者，或自以为是的主观命令者，或自以为是的主观抱怨责怪者……接纳切忌自以为是，一定要千方百计地进入对方的心理频道，让自己拥有对方的感觉和想法，而不是只停留在自己的感觉和想法里。你接纳了对方，对方才能接纳你，于是才能创造你渴望的沟通氛围，达成相对完美的沟通结果。

接纳、接纳、接纳……接纳你的丈夫或妻子，接纳你的孩子，接纳你的父母，接纳你的朋友，接纳你的同事，接纳你的客户，接纳你的领导，接纳你的下属，接纳有缘与你相处的每一个人，也要接纳与自己意见不同的人，要勇于接纳一切向你挑战的人，接纳一切存在，接纳一切过程，接纳一切结果，接纳整个大千世界！

五分钟作业

读者朋友，请你在5分钟之内。把接纳卡上的内容反复读3遍，不要偷懒哟！

（大小姐提示：我在“接纳讲师团”里排行老二，如果你忘了我的身份，请翻看本书前面的关于“接纳讲师团”5名成员的介绍。）

小九九：接纳让我成了保险分公司营销冠军

太高兴了，我今年而立之年终于成了保险分公司营销冠军。可是一年前，我还是一个无能、颓废、绝望的人。实话告诉你，我没念过大学，连高中都没毕业。做保险之前，我曾推销过保健品、化妆品、电子产品、按摩机和房子，那时候我基本属于干啥啥不行的人，不断接受被炒鱿鱼的厄运。刚做保险的时候，我累死累活白忙了两个月，一单都没有做成。马上又要被炒鱿鱼了，我立刻参加了“接纳特训营”。

真是万幸啊，万幸！尽管我以前错过了人生很多机会，但是值得庆幸的是我没有错过这次参加“接纳特训营”的机会。可以这么说，父母生了我的肉身，这次“接纳特训营”给了我精神之身。一个人只有在精神之身醒来，并且充满活力的时候，才会出现好运，才会获得成功。这就是为什么人们把“接纳特训营”说成是脱胎换骨的地方。

参加了“接纳特训营”以后，我的人生发生了彻底的变化。过去我是一个毫无魅力的人，现在变得魅力四射；过去我是一个处处倒霉的人，现在每天都有好运陪伴；过去我是一个被人瞧不起的人，现在成了被人羡慕的人……这一切的一切都是因为我学会了接纳。

原来所有的问题都是因为没有接纳，只要接纳了，所有的问题就都迎刃而解了。

在刚开始演练接纳的时候，我的觉察、接纳能力被评为零分。别嘲笑我，也许你得分也不会很高。来吧，我先出个小题目考考你。

如果你见到了所要拜访的客户，但是因为他的脚刚好扭伤，所以此刻他的注意力只在脚上，对你比较冷淡，那么你当下可能会怎么说、怎么做呢？

甲、乙、丙三个人分别做出如下反应，你的反应会像他们中的谁？

甲：

对不起，不打扰你了，再见。

甲的心理道白：

他对我的态度，让我感觉心口发闷、头脑发木、心跳加速，乱了阵脚，所以我选择了立刻离开。以前我遇到对我摆架子的人，我也会有类似的反应。

（点评：这是情绪的小我在感受、在决策、在表演。情绪小我的所感所思、所作所为往往以自我为中心。他唯一想着的只是自己的目的和感受，根本不考虑别人当下的意图、情绪、感受……一旦对方的反应不能满足自己的目的，就陷入了被动局面，不能主动运用接纳和智慧扭转局面，反而开始产生抱怨、恐惧、自卑、愤怒、悲观等消极负面情绪。人一旦受到心理消极负面情绪的干扰，就缺乏智慧，前功尽弃。接纳的时候，内心活跃着的一定是智慧的大我，而不是情绪的小我。情绪的小我成事不足，败事有余。）

乙：

本来不想打扰你，可是我来一趟不容易，我的时间也挺宝贵的，所以不得不打扰你，我来介绍一下我们新推出的产品……

乙的心理道白：

即使他不理我、冷落我，我也会鼓足勇气跟他说明我来的目的，充满自信地介绍我的产品，我要用我的气势压过他。我决不能白来！我最讨厌给我冷眼的人，我要让这种人知道，我不是好惹的！！！

（点评：其实乙是在要求对方接纳自己。当一个人要求别人接纳自己的时候,这个人扮演的就是命令者、自以为是的主观建议者、责怪者……这些角色都不善于接纳。你不接纳别人,别人就不会接纳你。你要想让别人接纳你,你就要千方百计地先接纳别人。

乙的言行很可能会引起对方的反感，如果对方出现了反感等负面情绪，接下去所发生的一切都将对乙方不利。

乙的表现,太自以为是了。你的所有表现都是自己在跟自己较劲。你以自我为中心,你以为所有人都应该为你着想,你甚至渴望地球也以你为轴心运转。在你眼里、心里、思想里、感觉里只有你自己,你太自私了!

你太自以为是了！私心越重,接纳得就越少;接纳得越少,麻烦就越多。)

丙:

我上个月也把脚扭伤了，外科老专家让我用的是外涂的药膏,效果非常好,现在我的脚已经彻底好了。

软组织受伤千万不要按摩，因为受伤的软组织最怕再遭遇强烈外力。

我一会儿就去帮你买那种药膏。

丙心里道白：

其实我上个月脚根本就没受伤，我之所以那样说是为了立即拉近和他的关系，不过我确实知道一种外涂的药膏治疗扭伤效果很好。如果他要真能接受我送他的药膏，他就很可能成为我的客户了。当然，也许他会自己去买那种药膏，但心里也一定会对我有好感的。赢得了他的好感，我的事儿就好办了。

（点评：接纳得非常好，立即进入客户当下的频道，感受对方最焦点的感受。让自己成为能够给对方提供利益、好处、帮助的人。任何人都欢迎能够给自己带来能量和利益的人；任何人都讨厌给自己带来麻烦和烦恼的人。所以丙的表现一定会赢得客户的好感。有了好感以后，对方就会关注你、重视你，就会对你热情、友好了。因而可以说，好的沟通氛围是通过接纳创造出来的；如果沟通氛围不好，那很可能是因为你没有接纳造成的，你要承担责任。）

现在请你跟我说实话，要是你遇到那种情况，你的表现会像甲、乙、丙中的谁？

接纳和不接纳引发的局面和后果就是不一样。在“接纳特训营”我才深深领悟到，我以前的一切失败都是因为我不懂接纳、没用接纳造成的。现在我最得意的就是自己接纳的水平越来越高，我的生活和工作都因此而变得越来越顺意！所以我愿意和大家分享学习、运用接纳的一些体会和经验，渴望更多朋友学会接纳。

提升接纳能力的捷径：

1.把你内心深处的大我唤醒，因为大我的接纳能力最强。最好在脑子里、心里、潜意识里进一步更具体地烙印大我的形象，确定他的一些重要特质。比如：神态、最高理想、习惯用语、说话的声音、走路的样子，等等，也可以把这些或写或画在纸上。

2.深挖出你内心深处比较活跃和顽固的一些情绪小我，接纳他们的情绪，带领他们实现正面的意图和目的——他们的正面意图和目的就是想回到大我的怀抱，成为大我。力争让我们内在的所有小我都和大我合为一体，从而达成内在人格的统一。我们内在分裂的小我越少，表明我们内在的大我越活跃，越是这样，我们的接纳能力就越强。

3.要经常问自己："是哪个我在表演，是情绪的小我，还是智慧的大我?"旨在让大我时刻活跃在心里、脑子里、潜意识里。大我一旦变成了内在最活跃的力量，那么他就会引导你每时每刻都接纳，每时每刻都用最智慧的方法处理解决问题。大我出场，万事亨通！

进一步说明一下，为什么说要想让你的接纳能力提升得更快，就要从以上 3 个方面努力呢？因为大我的接纳能力最强，较高人格层次的人，也比较低人格层次的人更善于接纳。把内在的大我唤醒，让内在的不同层次的小我成长，时刻邀请大我成为内在的主导力量，我们的接纳能力和水平才能更快地提高。

以上 3 个方面如何操作，且听下回分解。

五分钟作业

请你在5分钟之内说出——与人沟通互动的时候。应该注意接收、容纳、捕捉、解读对方传达出的哪7种主要信息？

□□(提示：答案在第一天接纳常识里面找)

梦中情人:接纳让我拥有了白马王子

本人算是天生丽质，可是恋爱却是恋一个，跑一个。无奈之下走进了听说是可以改变命运的接纳课堂。哇！幸亏我没错过这次学习机会，否则很可能一生都不会有人真正喜欢我。接纳把我锤炼得有内涵和魅力了，以前我是有模样，没气质，凡事儿先替自己打算，不习惯站在对方角度思考问题，心灵空虚……这可能都是父母娇惯的结果；现在我是气质得分比容貌得分还多。终于又谈恋爱了，现在爱我的人说——我就是他的梦中情人。我们相处得很甜蜜，秘密就在于我会接纳了！我想说：人生各种烦恼和痛苦都是因为没有接纳造成的，唯有接纳才可以让人离苦得乐！

参加了“接纳特训营”以后，我的脑子、我的内心深处都受到了彻底的洗礼。我明白了生命的过程就是心灵不断成长的过程，谁的心灵成长得越快，谁就越能够享受到高层次的、恒常稳定的快乐和幸福；谁的心灵成长得更快，谁接纳得就越完美，接纳可以助人消灾免祸、心想事成。我努力在生活的每一个细节中都注意使用接纳，结果好运滚滚而来！

记得走出“接纳特训营”那天，是我的生日，以前到这一天我就会邀请很多朋友为我祝贺生日。可是这一次我没有那么做，我没有设宴庆贺，而是选择了悄悄地给一些需要我感恩的人写信，比如我的父母、小学的班主任老师和给我引进“接纳特训营”的朋友……我把信发出去了，同时也分别送上了一份小礼物。

并且这一天，我给自己安排了如下饮食：吃一个苹果，祝福自己平安；吃一点开心果，预示自己开心快乐；吃一点豆腐，企盼自己有福气；吃一块糖，企望爱情甜蜜；吃一点甘蔗或玉米，祈祷自己的事业蒸蒸日上、硕果累累。

我之所以这样过生日，是因为接纳让我意识到了，邀请别人来为自己过生日，很可能会给别人增加负担和麻烦。比如，人家要为你买生日礼物花费时间和金钱。有些人本来很忙，又碍于面子不好意思不来等等。我自己也要为筹划生日耗费很多。再说了，我认为过生日这一天能为自己创造更大快乐的事情就是让自己感觉到自己变得更高尚、更有智慧了。

果然这个生日给我带来了意想不到的惊喜。父母看了我写的信非常感动，我妈还把那封信拿到了单位向同事们炫耀，结果他们单位一个英俊小伙看了信以后就对我动了心，我们就有缘相处了，我们现在相处得很甜蜜，他说是我写给父母的那封信让他感觉到了我就是他的梦中情人。现在他也常常这样称呼我：“我的梦中情人……”我心想，是“接纳特训营”把我塑造成了他的梦中情人。哈哈哈，用了接纳，果然好运滚滚来！

现在就把那封信公布出来：

亲爱的爸爸妈妈：我非常爱你们！

今天是我的生日，很感谢你们生养了我。我正努力成为你们的骄傲。对不起，从小的时候开始，一直到中学、大学，我每次过生日，都让家里破费了很多钱，原谅我，以前的我不懂事，现在你们的女儿已经懂得接纳了，非常善于理解人、体贴人了。

我明白，父母为孩子付出的各种辛苦和代价，孩子无论用何种方式报答都难以补偿。但我一定会尽自己的最大努力让你们幸福、快乐。我也知道，我变得更优秀、我的事业更有成绩，你们也就更开心。

我又攒了一万元，已经汇到了妈妈账号上，请查收，这钱是孝敬你们的，你们可要会享受啊！知道吗，你们越会享受，我就越放心和开心。

永远爱你们的女儿

2005年8月21日

下一个生日，我也准备给我男朋友的父母写一封感恩信，感谢他们为我培养出了这样才、貌、德兼而有之的白马王子。我也会爱他们、孝敬他们的。接纳，不但让我接来了一位白马王子，也接来了很多好心情、好机会、好运气……更多的感悟下一次跟你们分享。

五分钟作业

□□请你在5分钟之内说出——接纳的核心是哪两个字？

（提示：答案在第一天接纳常识里面找）

□

开心果：接纳让我变成了父母和老师的开心果

我今年13岁，长得很丑，对不起观众，但却不知这长相是我对不起父母，还是父母对不起我。反正我父母原来都不太喜欢我，经常无缘无故责怪责骂我，老师和同学也不重视我，我都快被他们共同打入地狱了。幸亏老天爷给我创造了学习接纳的机会，让我摇身一变，成了班里最有智慧和魅力的人，老师和同学都对我刮目相看，大家都说一看见我就开心，那是因为我使用了接纳秘诀的关系。我还荣幸地当选为大班长。我爸妈也开始喜欢我了，我接纳了他们，他们也开始接纳了我，现在他们绝对听我的，甚至把我当成了开心果，哈哈哈！要想每时每刻都开心，赶快学习接纳吧！

我学习接纳是因为发生了这样一件偶然的事情：一天我在我们家小区里的草坪上玩。有一位阿姨也在草地上开导她的孩子，他的孩子叫李飞，小学二年级。

□□李飞那天挨揍了，是他班同学马森的妈妈打了他。起因是李飞的文具盒掉在地上，被马森踩坏了，李飞让马森赔礼道歉，马森不但没有道歉，而且还说："你的文具盒影响我的脚落地了，踩坏了，活该！"李飞对马森的态度感到气愤，就把马森的文具盒也扔在地上踩坏了。第二天，马森的妈妈到学校冲进教室，就煽了李飞一个嘴巴子，并且警告说："谁敢欺负我儿子，就没好下场！"

以下是当时我听到的他们之间对话的大意：

妈妈：

妈妈知道你今天受了很大委屈。大人打小孩，实在不像话。马森和他妈妈素质都太差了。妈妈知道这件事情以后真的很气愤。甚至妈妈也想冲到你们班教室去也给她的孩子一个嘴巴子。当然了，妈妈真要那样做，就会给你丢脸的，我决不会让你的同学认为我是一个粗野、没有修养、没有理性的人。

想来想去，我决定还是和你一起做个比较选择。小飞，其实你心里有两个你，想象你的眼前右面的你面对马森那种不讲理、没教养的表现非常愤怒，可能心里会想——谁怕谁呀，少在我面前装老大，我这个人不吃那一套，于是就动手把他的文具盒也踩坏了。

孩子，你的内心深处还有一个你，想象他在你眼前的左面，面对那个野蛮、没教养的马森，你可能会在心里这样对他说：你以为我会被你惹怒吗？我跟你这种无赖根本不在同一个平面上，你的层次太低了，你没有资格跟我较量，和我较量的人，必须是层次跟我差不多，

或者层次比我高的人。你快远点儿走开吧，我没有时间，也没有精力理睬你，我是将来想做大事儿的人，我把你的挑战当成提升我智慧的功课。

然后这个想要将来有大作为的你，自己捡起了文具盒，用手修一修，心想：这个文具盒，我还能用，为家里省点儿钱吧！我又多了一个美德——勤俭！像我这种人，将来必定有出息！！！

这个你的所作所为，同学们都能够看到、感觉到，他们当时都很敬佩你，包括把你文具盒踩坏的那个同学，其实他的内心也已经被你征服了。

现在妈妈想知道，如果事情从头来过，你愿意选择右边情绪的你的做法，还是愿意选择左边智慧的你的做法？

小飞：

□□左边的！

妈妈：

□□我知道你一定会做这样的选择，因为我的儿子是将来想做大事儿的人。其实我自己也在心里做了一个选择，右边情绪的我，可能选择冲进教室也给马森一个嘴巴子，或者告状老师、告状学校，或者去找他妈理论理论……所有那些做法，都容易把事情搞得更复杂了，是情绪化的、冲动的处理问题的方法，将有失我的人格。

我和他妈可不一样，你班同学和老师都知道了他妈很粗野，我要叫你班同学和老师都意识到，你妈比他妈水平高，你妈是有境界和涵养的。所以，你妈选择了和我的儿子一起把这次不愉快的发生转化为推动我们人格成长、智慧增加的契机，高兴吧？

小飞：

高兴！

妈妈：

你还要做个选择——

或者在班会上当着全班同学和老师的面宣布："那一巴掌已经把自己内在情绪的小我打跑了，智慧的大我将主宰我未来的学习和生活。"等类似一些话；

或者选择把感受和决策写在日记本里，并用高境界的行动让大家对你刮目相看！

小飞：

妈妈，我到时候根据感觉再决定吧。总之你放心，我已经知道了我的内在其实有两个我，一个是有负面情绪的，一个是有无穷智慧的，我会时刻让有智慧的我发挥作用！

妈妈：

妈妈为你骄傲！

开心果：

当我看着、听着他们母子俩进行这样一场精彩对话的时候，我被感动得哭了，终于他们都注意到了我的存在。于是我们进行了如下的沟通：

李飞妈：

小朋友，你流泪了？！

开心果：

阿姨，你真会教育孩子，我妈妈要是也能像你这样教育我就好了。

李飞妈：

阿姨也是最近才学会了教育孩子的方法，我刚才用了接纳法和比较选择法。你也可以让你妈去学习这些方法。

开心果：

我爸妈是不肯学习的人，他们从来不看书，思想非常固执，连家长会都不愿意去。

李飞妈：

噢，看来你在家里受了很多委屈。

开心果：

我长得难看，所以我爸妈都不喜欢我，他们经常打我、骂我。

李飞妈：

男子汉长相是次要的，能力、气质才是最重要的。既然你爸妈不懂接纳，只要你学会了接纳，你接纳他们，他们总会有一天被你征服的。勇者积极学习接纳，智者立即运用接纳，愚者等待别人接纳。阿姨感觉你很聪明、很可爱，你要真想学会接纳，阿姨愿意教你。

开心果：

谢谢阿姨，我愿意学习接纳，也愿意立即运用接纳。

□ 李飞妈：

好孩子，这么小你就会用接纳了，你将来一定会有出息的。明天刚好是星期天，咱们下午一点就来这里上课好不好？

开心果：

好，我不会迟到的。

李飞：

我们也不会迟到的。

就这样我学会了接纳，后来我和李飞、阿姨经常在草地上相遇，我从他们身上学到了很多智慧。我把接纳和智慧不断地用于生活，局面开始发生变化了。

有一天，我看见我爸坐在沙发上很不高兴地抽闷烟，就递给他一封信，爸爸看完我的信以后，破天荒地把我抱了起来，还亲了我一下，并且说："孩子让你受委屈了。"天哪！这一刻他接纳得那么精彩！教我接纳的那位阿姨说得真对，我接纳了父母，父母就一定会接纳我的。智者善于接纳别人，愚者等待别人接纳。这话也许用在这儿不太适合，不过我自认为我比爸妈有智慧，不对，还是爸妈和我都有智慧最好。

那封信我是这样写的：

爸爸、妈妈：

我真希望自己的长相能吸收爸妈的优点，可是遗憾，我偏偏吸收的都是你们的缺陷。我知道你们也一定为此感觉不爽。其实你们不爽的时候，我也不爽。那么为了让我自己变得爽，我也要让你们爽一爽。

我很想知道，假如可以做选择，你们会怎样选择：你们的孩子很漂亮，但是不求上进，没有出息；你们的孩子不漂亮，但是他学业和事业都非常优秀。

如果你们选择的是第一种，那我会非常伤心的，因为我无法满足你们的愿望。如果你们选择的是第二种，那我将会全力以赴，一定要成为给你们争气、争光的儿子。

亲爱的爸爸妈妈，我很渴望你们的脸上有一些笑容，也很渴望你们能够有一些童心，更渴望咱们家的日子过得开心一些！当然，我愿意为达成这样的目标做各种努力。

你们的儿子

2005年9月1日

半小时作业

请你在半小时之内，也给自己的父母写封充满接纳色彩的信。

接纳感悟

系统——就是同类事物按一定的关系组成的整体。

世界上的一切存在共同构成了世界这个大系统，大系统中的任何一种要素又相对处在某个小系统中。任何一个小系统总是处在比它更大的系统中。

接纳就是从系统和整体出发，全面地、客观地、立体地、多维地看明白一个人或一件事，然后从全局考虑问题，从而制定最佳决策，达到合理目的。

我们所接收到的信息越多，表明我们越能够深入那个系统，越能够与那个系统同频；我们接纳到的信息越多，表明我们越能够发现一些有价值的因缘和因果关系。因而越善于接纳，就越能够深刻了解人、事、物，也就越能够拿出更好的决策和方法，牵引系统朝着合理的意愿发展。接纳能力越强，判断能力和决策能力就越强。

不善于接纳的人的所作所为往往会给系统注入更

多的麻烦，导致系统内部的冲突越来越激烈；善于接纳的人的所作所为往往会牵引系统内部各要素之间互相理解、化解矛盾、达成和谐。

接纳警言

接纳并不等于赞同！！！！！！！！！！！

你接纳对方的目的，并不等于赞同对方的目的；

你接纳对方的情绪，并不等于你赞同对方的情绪；

你接纳对方的价值观，并不等于你赞同对方的价值观……

接纳只是强调要关注、考虑对方的目的、情绪、价值观、人格层次和当下需求……从而更深入地了解对方，并照应到系统和全局的状况，以便更有力地引导对方达成双赢的目的。

接纳一个人，或接纳一件事儿，若能像接纳刮风、下雨、天气和季节的变化那样，不是抱怨，而是适应，你就成了为人处世的高手。

第二天

大家好!今天的雨下得好大呀,可是大家还是克服了很多困难来了,我提议为你们的学习热情,你们自己给自己一个热烈掌声!(掌声很大)

接下来我们先介绍接纳常用的句子、句型、句式及语气词等,然后继续与你们分享接纳的故事。

接纳常识

小九九：

当我们想要说服一个人的时候，常用以下两种接纳句子：

第一种，主要用于接纳对方消极负面情绪的句子

- 我很理解你现在的感受……
- 我知道你很委屈……
- 我知道你很伤心……
- 我知道你特别渴望……
- 我知道责任在我……
- 我知道遇到这样的事情的确让人很难承受
- 太相似了，我曾经有过和你一样的经历和感受
- 我能感觉到，你是一个非常深刻的孩子……
- 我明白，你已经付出了很大努力……
- 我很感动，你曾经为我所做的一切……
- 辛苦了，的确很不容易……

提示：

以上句子可以表达和对方相同的感受和情绪，多用于接纳对方伤心、委屈、悲观等痛苦感受和情绪。接纳了以后，最好采用比较选择法，否则容易变成说教，引起对方的反感。关于“比较选择法”我会在第三天的课堂上详细介绍，你也可以现在就翻阅到那部分浏览一下。

例子：

我很理解你现在的感受，突然下岗的确会有一种失落感。也许你现在有两条路可以走：一条路是消沉；另一条路是把自己的潜能挖掘出来，自己设计和掌控自己未来的人生，大干一场，真正干出点儿名堂来！现在很流行这句话：不下岗不知道自己的潜能和外面天空有多大，下岗是换一种活法的最佳时机。

第二种，用于接纳对方的不同观点和意见的句子

- 我尊重你的感受，于是……
- 我赞同你的观点，于是……
- 我认同你的想法，咱们的想法有相通之处……
- 正是你的观点启发了我，于是让我产生了……
- 你的一言一行都给我留下了很深刻、美好的印

象……

●你给我的感觉很有智慧……

提示：

以上句子多用于接纳对方的不同观点和意见。千万要注意的是——这些句子的后面不能用“但是”、“可是”、“不过”、“然而”这些转折词，因为这些转折词有否定前面观点的意思，对方容易产生被否定、不爽的感觉。

采用以上句子的妙处在于——千方百计寻找你们各自观点深层的相关处，然后以同意对方的观点开头，让对方感觉你很尊重他的观点、想法和感受，继而借水行舟把整个沟通导向你要的方向，巧妙引导对方认同你的想法、观点和决策也包含着他的功劳，这样对方的心理和情绪就不会被破坏，从而避免冲突，减少抗拒。

这种接纳的沟通方式，不需要放弃你自己的原则，也不需要失去你自己的立场，而是艺术地、巧妙地与对方产生契合，然后牵引对方认同你的想法和主张，更快达成大家都赢的目的。接纳的沟通方式，会使沟通变得很有弹性，却又能导向你所要的方向。

例子1：

我赞同你的观点，那个人的确不可靠，于是我想出了一个制约他的招法……幸亏得到了你的指点。

例子2：

正是你的观点启发了我，让我明白了解决这个问题的焦点应该放在产品的质量上……于是才有了这样的思路和决策……

五分钟作业

我们都已经知道了——当你想要改变一个人的情绪、观点或状态的时候。你必须先要接纳他。假如你忽视了接纳这个步骤。对方就不可能被你说服。

请问接纳一个人的负面情绪或感受通常采用哪些句子?并请你用其中一个句子举例说明。

请问接纳一个人的某种不妥善的观点或想法通常采用哪些句子?并请你用其中一个句子举例说明。

（提示：答案在我刚刚讲过的内容里面找。）

梦中情人：

还可以用模仿或呼应对方的表情和肢体语言的方式表达接纳和理解。

例如：

●微笑——传达的是友善、亲和的信息。

●专注、侧耳倾听——传达的是重视的信息。

●模仿、呼应对方喜怒哀乐的表情——表示和对方正在经历相同的感受。

●点头——表明清楚了、知道了、你说得对等。

●握手、拥抱——表示深深地理解和深深的情意。

●不同的手势——传达不同的认同情绪。

五分钟作业

请你回忆今天或昨天你接触过的一个人。你觉得他在说哪句话的时候可以运用模仿或呼应对方的表情和肢体语言的方式来表达接纳和理解。

大小姐：

刚才小九九向你们介绍了通常采用哪些句子接纳别人的消极负面情绪和不正确的观点，那么接下来我要和大家分享的接纳方法是重复或加强对方说过的话，以此表达接纳和理解。

例如：

●对方说：我很讨厌那个人。

你就说：那个人是挺讨厌的！

●对方说：这件事儿，太难了。

你就说：是挺难的！

●对方说：我真倒霉。

你就说：这是会让人感觉挺倒霉的

提示：

值得注意的是，当对方表达我很讨厌那个人、这件事儿太难了、我真倒霉……这类情绪的时候，并不意味着对方已经很无奈、很绝望了，很可能对方不过是发泄一下心中不爽的情绪，但同时他已经有智慧、有方法接纳那些发生，并独自处理解决那些问题了。在这种情况下，我们最好就用上面的回应方式，接纳他的情绪，可能此时我们唯有这样做才是最有意义的，对方需要得到的不过就是认同和接纳，一旦对方的情绪被接纳了，心情就会立刻产生变化，他就会自觉开始正面的计划和行动了。

在这种情况下最容易发生的危险是——我们又扮演了自以为是的主观建议者、主观说教者、主观命令者和主观责怪者，总认为自己高明，习惯把对方当成白痴。真要这样，对方就会立即产生抗拒，并滋生出更多消极负面的情绪，甚至还可能用放弃自己的正面决策和行为的方式来抗议你。因为他这个时候就想跟你对着干，你让他不舒服，他也想让你不舒服。你想让他向东，他就偏要向西。他在用这样的方式与你对抗，也在用这样的方式发泄心中的不满情绪。尤其是家长和孩子们之间更容易陷入这种对抗的模式。

五分钟作业

一个孩子在家做作业的时候自言自语地说：这道题太难了！

他的妈妈接过来说：肯定上课你没有注意听讲，否则怎么会觉得难呢？

这时候孩子可能立即就会出现“∧”（趴啦）情绪状态。本来那道题不会做就有点儿焦虑。听了妈妈的话更闹心。如果对妈妈的不满情绪积累到一定程度的时候，他就会讨厌妈妈，不愿意跟她沟通了。

如你是那个孩子的爸爸或妈妈。你如何用正确的方法回应孩子的那句话？

大亨：

按着对方的意愿或需要采取行动，以此表达接纳和理解。比如：

●比如当你明白了某个人此刻不希望被别人打扰的时候，你就选择安静或者离开，你就是在用实际行动接纳他。

ΘΘ●比如你知道很亲近的人正在为你担忧，那么你就选择一种能够让他们放心的方式回应他们，你就是在用实际行动接纳他。

●再比如，你想让你爱的人也永远爱你，那么你就要努力成为被他需要、满足他需要的人，就是用实际行动接纳了他。

五分钟作业

请你在5分钟之内，立即采用实际行动，完成对一个人的接纳。

开心果：

还可以用语气词表达接纳和理解，通常使用的语气词如下：

●噢——表示了解了。

●啊——表示应诺。

●嗯——表示认同对方的想法和要求。

●哦——表示领悟了。

五分钟作业

请你立即选择和一个人面对面聊天或电话聊天，然后运用以上任意一个语气词表示接纳。

我们与你分享接纳的故事

开心果：老师应该如何接纳打架的学生

今天我想和你们分享昨天发生在我们班里的事儿。事情是这样的，昨天课间休息的时候，我们班两个同学在教室外面打起来了，这一幕刚好被来上数学课的班主任老师看见了，等大家都进到教室里坐好了以后，班主任老师气势汹汹地说："刚才谁和谁打起来了？站到后面去！好好反思，全校那么多人都看你们俩耍猴了，挺威风、挺光荣啊！知道吗？你们的精彩表演给班级严重抹黑了，大家都要跟着你们倒霉了……"

那两个同学站了起来，他们都想要解释刚才的经过。可是班主任老师立刻打断他们，怒吼道："我不想听你们的任何解释，快一点儿，站到后面去。别因为你们影响我讲课。"

那两位同学只好低着头、很不情愿地站到了教室后面。

当时，我十分焦虑地在心里跟老师说：“老师呀，你没用接纳的方法，你这叫过分惩罚学生，你这样做的后果是这两个同学没有心思听这堂课了，而且也会影响到其他同学听课，大家都在不停地回头看他们。老师啊，你这种教训学生的方法，不会让学生真的反思，而只会让他们彼此在心里更加怨恨对方。老师呀，你应该清楚，学生们到学校来就是为了不断成长和提高的，我们难免犯错误，当我们做错事情的时候，老师应该利用这个契机，引导我们提升思想水平和人格层次，而不是为了打击我们、嫌弃我们、奚落我们、孤立我们……别忘了老师的责任是为了让每一个同学都变得“∨”(发啦)，而不是变得“∧”(趴啦)!

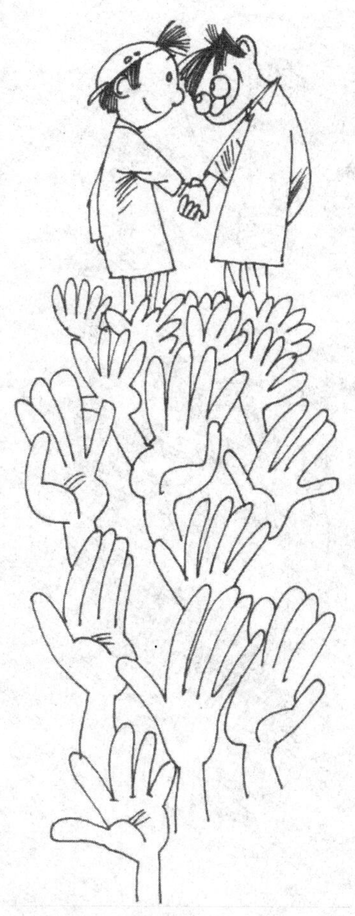

下课之后，我在想，假如是一个懂得接纳的老师，遇到这样的事情会如何处理呢？于是我很快就想象出了两种接纳的说法，当然了，我不敢把它们跟我的班主任老师分享，我怕她不接纳我、忌恨我。所以现在迫不及待地想跟你们分享，请多多指教。

第一种接纳方法，我认为老师可以这样说：

“我知道你们两个同学现在的情绪都还没能平静下来。是的，你们都可能会认为自己有委屈，自己受到了伤害或误解，我能理解你们的感受，也能理解你们在发生冲突那一刻的情绪。同时我也坚信，刚才你们的行为，并不是你们内在的那个理性的、智慧的、善于站在对方角度思考问题的大我的选择，而是情绪的、急躁的、狭隘的小我在作怪。现在请我们全班同学用掌声激励他们尽快冲破狭隘与偏见，更上一层楼；也让我们再次用掌声激励他们把注意力立刻转移到这堂课的学习中……”

(我自己给这种方法做个点评：我认为这样接纳会非常好，很可能在这样的掌声中，两个同学就能够握手言和了。好的接纳会不断地正面激励我们成长和提高。一个善于接纳学生的老师，有利于营造和谐、健康的班风。老师的接纳有利于培养孩子们的优良品德和行为。)

第二种接纳的方法，我觉得老师还可以这样说：

“可能每个人都有过和别人生气，或者和别人吵架、打架的经历，我能够理解你们刚才各自所承受的愤怒情绪……我也知道所有负面情绪的背后，都存在一种积极正面的目的，比如说渴望被人尊重、渴望被人理解、渴望自己变得更优秀，等等，所以那两位同学，我并不想知道你们发生冲突的原因，我只相信你们的情绪背后都有积极正面的目的，我期待着你们各自都能尽快找到和平、智慧达成那些正面目的的方法。你们会的，我相信你们，全班同学都相信你们……”

(我再做个点评：这样的接纳，会使那两位同学更快摆脱消极负面情绪的阴影，有力推动他们用理性、智慧去处理问题，并通过这次不愉快的发生而成长和提高。这正是我们渴望拥有的真正目的。)

读者朋友们，你们别忘了，我说过虽然我相貌丑陋，但因为我运用了接纳以后成了班里最有智慧和威信的人，所以荣幸地当选为大班长，因而我有责任和那两位被罚站的同学沟通沟通，不然被罚站这件事儿就会变成他们心里的一个阴影或负担。

那天放学以后，我把他们俩带到了一棵大树下。我对他们说：“我知道你们两个今天心里都不爽，其实老师让你们站在后面的时候我心里也挺难受的。说真的，我跟你们一样今天心里不爽。”

如果我是你们，现在可能会这样想：遇到理解我们的好老师是一种幸运，这种幸运在于我们不会被伤害。

□Θ遇到不理解我们的老师也是一种幸运，这种幸运在于我们在和他们磨合的过程中增长了智慧，并且从他们的身上我们会发现人性的弱点，从而促进和激励我们超越那些弱点，成为比他们更高尚、更有作为的人。

我真的渴望咱们 3 个将来各方面都超过那个老师，让他有一天会对我们刮目相看。赞同我这个想法的就和我握握手。

结果他们两个都跟我紧紧地握了手。然后我让他们想象现在就是他们打架的地方，并让他们互换角色，分别站在对方的角度，体验一下对方当时的心理感受和情绪。于是他们都觉得自己当时太冲动了，彼此有很多误会，并且握手言和了。接着我们 3 个就高高兴兴、开开心心地去玩篮球了。

读者朋友，你认为我这个班长怎么样，我在同学中的威信可是越来越高。

今天就先说到这儿，明天再见！

作业

请你把下面这封信与3个以上的老师或家长分享。

尊敬的老师和家长：

每个孩子都有无限的潜能，只要我们善于接纳他们,他们的潜能都可以得到源源不断的开发。

每个孩子都热爱学习，只要我们不断完善我们的教学方法，千方百计调动孩子们的视觉、听觉和触觉都参与学习，那么就不会有厌学的孩子了。

孩子们在成长的过程中，都不可避免地要犯一些错误，只要我们善于接纳他们,保护他们的自信心和自尊心,每一次的挫折都会成为他成长的一次契机。

教育的目的,不只是教他们书本上的知识,更重要的是推动他们的人格成长,维护他们的心理健康,假如我们善于接纳每一个孩子，那么每个孩子都会心理健康,于是他们就都会成为社会的有用之才,违法乱纪的人就会越来越少了。

接纳是每个老师和家长都必须拥有的一种能力!

倘若孩子的父母不懂得接纳孩子，但是老师能够接纳每一个孩子，那么孩子们的心理就会健康成长,就不会产生心灵扭曲，并减少行为偏差。

倘若孩子的老师不懂得接纳孩子，但是父母能够接纳孩子，那么孩子内心的消极负面情绪就会减少很多，自信的支点就不会动摇。

如果老师善于接纳每一个孩子，也善于接纳孩子们做的每一件事情，那么师生的关系就会变得很融

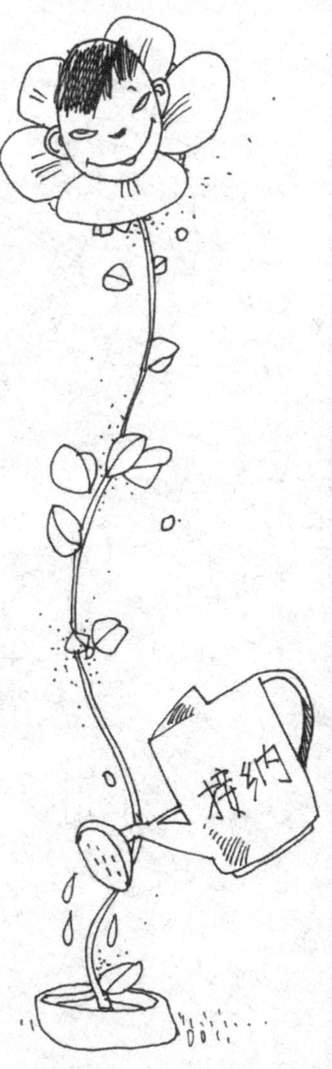

洽，教导孩子就会成为很容易、很幸福的事情了。

一个老师应该具备的最最重要的修养和能力就是——接纳。一个善于接纳的老师，就会让他的学生们一看见他就充满自信和远大志向。

你越善于接纳别人，你就越容易与人和谐相处，别人也就越容易被你感染和带动。

如果你不能够接纳别人，就必然会招惹对方对你的反感、排斥、抗拒、讨厌、憎恨……你的处境就会越来越不利，事情的结局就会离你的愿望越来越远。

“接纳”是一切沟通和互动的开始，忽略了“接纳”这个环节和步骤，沟通就不可能顺利进行，也不可能达到我们预想的结果和目的。

如果你不能够接纳别人，别人就会认为你太自私了，太自以为是了，太主观了，太自我了，太霸道了，太蛮横了，太武断了，太不讲理了，太偏见了，太狭隘了，太局限了，太可恶……于是别人就会讨厌你，憎恨你，疏远你，回避你，拒绝你……

孩子们说慌、叛逆、自卑、胆小等问题的出现，都是因为老师和家长不能接纳他们造成的。可以这样说，假如老师和家长都能接纳孩子，那么其实每个孩子都能够快乐、健康地成长。孩子们存在的很多心理上的或行为上的问题，都是因为没有得到及时的接纳造成的。接纳并不是纵容和溺爱，而是对人对事看得更透、更准，从而选择双赢的方法处理解决问题。

越善于接纳学生的老师，在学生们心中的威信就越高。

一个善于接纳学生的老师，会营造和谐健康的班风。

接纳有益于培养孩子们的优良品德和行为。

不但在孩子们出现了问题的时候，需要我们的接纳，当她们表现好的时候，也需要我们的接纳。比如一个孩子考试成绩有了飞跃，于是他非常兴奋，如果这时我们老师也能够表扬他，为他高兴，孩子就会感觉被接纳和理解了，于是他会更努力的。

也就是说当孩子出现烦闷、抑郁、自卑、孤独、恐惧、绝望等消极负面情绪和行为的时候，需要我们的接纳和理解；当孩子在取得了某方面的进步，表现特别好的时候也需要接纳。

接纳会使每一个孩子都变得更优秀！！！

祝大家工作愉快！

心灵成长工作室

2006年3月

小九九:如何接纳和唤醒心灵深处的大我

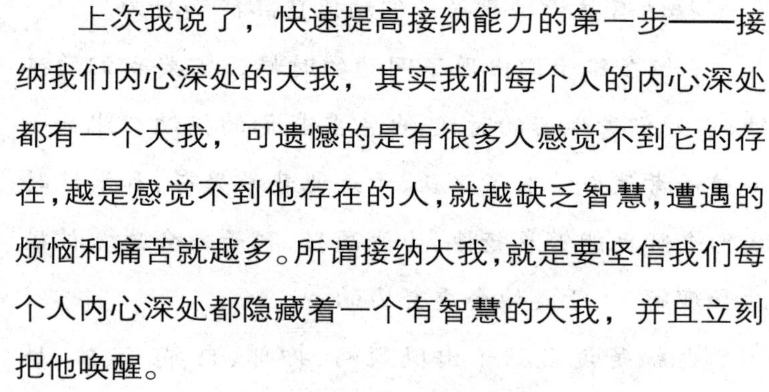

上次我说了，快速提高接纳能力的第一步——接纳我们内心深处的大我，其实我们每个人的内心深处都有一个大我，可遗憾的是有很多人感觉不到它的存在，越是感觉不到他存在的人，就越缺乏智慧，遭遇的烦恼和痛苦就越多。所谓接纳大我，就是要坚信我们每个人内心深处都隐藏着一个有智慧的大我，并且立刻把他唤醒。

那么他就不可能成为出色的、伟大的推销员。我也真正明白伟大的推销员之所以伟大，也知道他们的魅力和感召力、影响力是如何产生的。了解这些都太重要了，所以我经常会非常感慨地说：幸亏——我没有错过“接纳”这一课！

人生是有目的，也是有高低层次之分的。人在不同的生命层次所拥有的人格特质不同，目标理想不同，心理能量不同，价值观不同，自我价值感不同，散发出的魅力不同，智慧不同，方法不同，生活方式不同，心态不同，快乐感不同，人生观不同，接纳水平不同……

以下是人生的6个层次，以及不同层次的人格主要特征：

第一个层次：这个层次的人没有人生目的，也没有任何责任心。这种人是精神死亡的人，他们几乎没有进取心，也没有自尊心，处在混吃等死的状态，非常麻木，成为家庭、社会的寄生虫。

这个层次的人，只具有较低动物的属性，无法融入社会。这个层次的人也叫——没有任何责任心的小我或精神死亡的人。这个层次的人根本不懂得接纳。

第二个层次：这个层次人生的主要目的——是为了满足自己。只为自己的利益负责任。这种人极端自私，凡事儿以自我为中心，丝毫不在意别人的感受和想法，容易伤害别人的感情，冒犯别人的利益，精神麻木。

这个层次的人，社会化程度较低。这个层次的人也叫——极端自私自利的小我。接纳的时候，除了存在着本层次人格的局限以外，同时存在着第三层次、第四层次、第五层次的人格局限。

（提示：人的社会化程度——人有三种属性：动物性、社会性和神性。人的社会化，是指人参与社会、适应社会、建设社会、成为社会成员的过程。一个人的社会化程度越低，表明他越无法融入社会、适应社会，也不能在社会中发挥积极作用；一个人的社会化程度越高，表明他越能够遵纪守法，越懂得文明礼貌，越能够在社会中发挥积极作用。）

第三个层次：这个层次人生的主要目的——是维护小家庭的利益。只为自己小家庭的利益承担责任。这种人狭隘、保守、唯利是图、损公肥私、斤斤计较、一心一意为小家庭谋利益，不考虑集体和社会利益，精神空虚。

这个层次的人，社会化程度仍然较低。这个层次的人也叫——以家庭利益为重的小我。接纳的时候，除了存在本层次人格的局限以外，同时存在着第四层次、第五层次人格的局限。

第四个层次：人生的主要目的——是维护所在单位或集体的利益。愿意为所在单位和集体利益承担责任。小我又长大了一些，能够关注周围人的利益，因而比较受身边人的欢迎，做事基本能够遵循双赢原则，也基本能够遵守社会公德，精神比较充实。

这个层次的人，社会化程度较高。这个层次的人也叫——以团队或集体利益为重的小我。接纳的时候，还剩下两个层次的局限，即本层次人格的局限和第五层次人格的局限。

第五个层次：这个层次人生的主要目的——是为了服务国家或某个种族或某个宗教团体，并在服务范围内愿意承担各种责任。这个层次的我，虽然胸怀很大了，整体观念增强了，但是仍然有区别心。他是接近大我的小我，他的区别心仍然会把自己和整个世界隔离开来，因而仍然会产生消极负面的情绪，也还会存在思想上的某种主观偏见，不过这个层次人精神充实。

这个层次的人，社会化程度较高。这个层次的人也叫——以国家的利益为重，但却忽视了全人类的利益，比较接近大我的小我。接纳的时候，只剩下了本层次人格的局限。

第六个层次：人生的主要目的是为了——关爱全人类，关爱整个大千世界。愿意为全球的幸福承担责任。小我已经变成了大我，彻底摆脱了人的局限性、狭隘性、自私性，内心充满了神性、崇高性，潜能得到了充分的发挥，能够平和地接纳一切的存在和一切的发生，任何当下都不会发泄消极负面的恶劣情绪，也不会显现人性的弱点，言行全然能够和宇宙大道同频共振。精神充满了宇宙的能量，拥有天地人合一感。

这个层次的人，充满了人的崇高性和神性。这个层次的人也叫——关爱全人类的人或大我，或天地人合一的我，或最高智慧的我，或恒常快乐和幸福的我……接纳的时候，已经没有任何局限了。

需要说明的是，其实每个人一出生大我就已经存在于他的内在了，有悟性的人，较早就把大我唤醒了，没有悟性的人，大我就只好沉睡在那里。这也就是说每个人内在都有人的崇高性和神性，每个人都可以成为大我，这一切都取决于悟性和努力的程度。

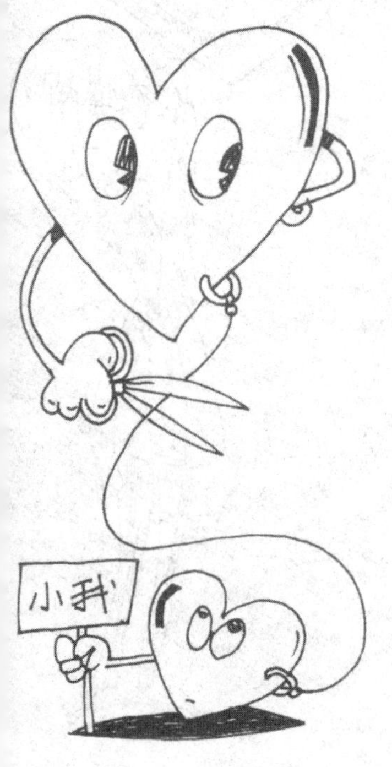

另外，即使已经进入了第六个层次成为了大我的人，也同样会有较低层次的一些需求，然而他主要人格显现的已经是最高层次的光辉了。

现在你明白了吧，每个人的心灵深处都存在大我，所谓唤醒大我，就是去探索、去感受、去倾听心灵深处大我的愿望和想法，然后让大我的意识充满你的脑子，让大我的品格充满你的心灵，让大我的智慧指导你的行为，让大我的语言成为你的语言，让大我的感觉充满你浑身的每一个细胞……

无论你现在处在哪个人生的层次里，你都能够把内在的大我唤醒。但是人在较低层次的时候，大我即使被唤醒了，大我也不能在他的内心占据主导地位，因为那里面有很多较低层次的小我不肯让位。随着你内在小我的不断提升，原来的小我就会纷纷退场，当大我成为你主导人格的时候，你内在的人格就统一了，你就有了天地人合一的感觉。加油，努力吧！

五分钟作业

现在给你 5 分钟的时间，请你确定你的主要人格是属于哪个生命层次的。然后我将和你分享唤醒大我的具体方法。

下面我就把“接纳特训营”中指导老师引导我唤醒大我的过程和你分享：

指导老师协助我进行生命的升级，他知道我是保险营销员，所以问话是这样开始的：

指导老师：

你选择做保险营销员的目的是什么？

小九九：

为了赚钱。

指导老师：

你赚钱的目的是为了什么？

小九九：

买房子，找媳妇。

指导老师：

那么你认为你目前工作的主要目的是属于哪个层次的，就请你进入哪个层次里。

现场动态情况介绍：

小九九选择站到了第二个层次里。

指导老师：

请你按着上面的提示，说一说你现在所属的那个层次，主要人格特征。

小九九：

人生的主要目的是为了满足自己。只为自己的利益负责。这种人极端自私，凡事以自我为中心，丝毫不在意别人的感受和想法，容易伤害别人的感情，冒犯别人的利益，精神麻木，社会化程度较低。

指导老师：

现在我想知道，假如你已经有房子、有媳妇了，那么接下来你还会需要什么呢？

小九九：

需要拥有更多的钱，需要家庭幸福，需要有个孩子。

指导老师：

那么假如你刚才的所有需要都可以满足了，那么接下来你还会需要什么呢？

小九九：

需要自己当老板，拥有自己的公司，得到别人的更大重视。

指导老师：

那么假如，你已经当上老板了，你刚才的愿望都已经达成了，那么接下来你还会渴求什么呢？

小九九：

渴望企业不断扩大，为社会和老百姓提供更多更好的产品。

指导老师：

那么假如你刚才的所有需要都可以满足了，那么接下来你还会需要什么呢？

小九九：

渴望为环保和贫困地区的教育做一些力所能及的工作。

指导老师：

请问你刚才的想法是属于哪个人生层次的？

小九九：

第六个层次的。

指导老师：

那么请你进入第六个层次。

场上动态情况介绍：

小九九穿过了第三层次、四层次、五层次站到了第六个层次里。

指导老师：

想象你现在就是那个为环保和贫困地区教育做了很多贡献的人，这时你的心情会怎样的？

小九九：

很舒适、很爽！心里面是激动的，也是温暖的。

指导老师：

继续想象那个为环保和贫困地区教育做了很多贡献的你，感受他、成为他……他就是你心中被唤醒的大我。

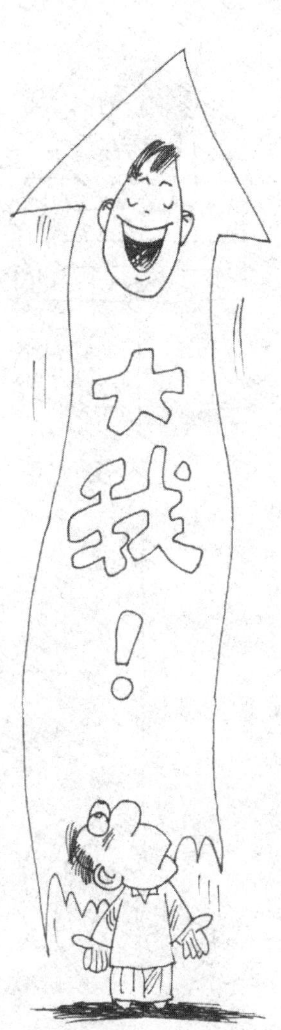

小九九：

他的出现让我很激动，他真的给我带来了无穷的智慧和力量。

指导老师：

大我智慧无穷、力量无穷，大我一旦被唤醒之后，我们的心理能量就增加了很多。当我们接纳一些很难接纳的人或事的时候，是大我在接纳，唯有大我才能接纳我们内在较低层次的小人格，唯有大我才能接纳我们身外人格层次较低的人。

较高层次的可以接纳较低层次的，较低层次的很难接纳较低层次的，这是接纳的规律。因而，当我们的内在是大我在主导的时候，我们就很容易接纳一切；当我们的内在是小我在活跃、在控场的时候，我们就很难接纳。

大我会使接纳的管道畅通，小我总是堵塞接纳的管道。大我出场的时候，总是让我们感受头脑灵活，充满智慧；小我出场的时候，总是让我们感受消极负面的情绪，狭隘愚昧。这就是为什么我们要学习运用接纳之前，必须要唤醒我们内在大我的原因。

每个人一生下来大我就已经存在于内在了。大我就是我们的精神之身、灵魂之身。我们的肉身是靠我们的父母出生，我们的精神之身、灵魂之身是靠我们自己把他唤醒。肉身是一天一天、一年一年地长大，而精神之身和灵魂之身却可以突然长得很快，甚至只需半个小时或一个小时，大我就可以出现、停留、永驻在我们的心里，伴随我们一生；可是不开悟、不学习的人，精神之我和灵魂之我就可能觉醒、成长得很慢很慢，甚至可能当肉身已经年迈枯萎的时候，大我仍然沉睡在他们的内心深处，他们从未感受到大我给心田带来的滋润、舒适感、幸福感。

小九九：

你刚才引导我唤醒大我所采用的问话有什么规律吗？

指导老师：

探索和唤醒心中沉睡的大我通常所采用的方法是：锁定心里当下活跃着的任何一个小我，然后用以下不断推进的问答方式引导小我一步一步提升愿望和目标层次，与此同时他的人格层次和生命层次也在提升，当提升到一定高度的时候就出现了大我的意识、大我的想法、大我的境界……大我就这样被发现和唤醒了。有些平时看起来很普通的人，当出现大我的想法的时候，连他们自己都觉得奇怪，他们想不到自己的内心深处还有这么崇高的志向呢。

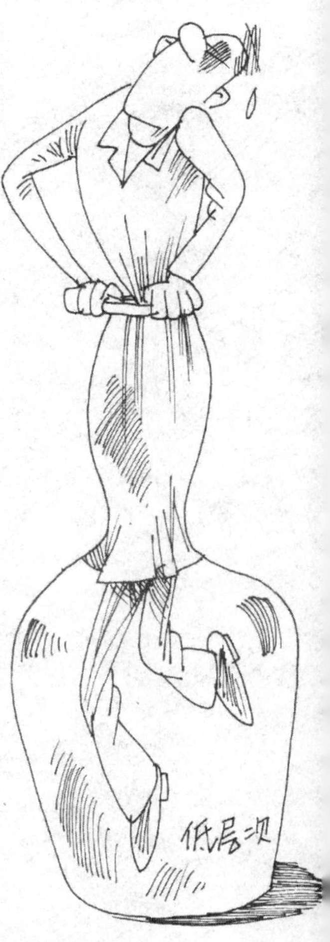

唤醒大我不断推进的问答句式如下：

问：你现在最渴望的是什么？

答：我……

问：假如你刚才的愿望已经实现了，那么接下来你还会有什么样的愿望？

答：我……

问:假如你刚才的愿望得到满足了,那么接下来你还会有什么样的愿望?

答:我……

指导老师:

如此循环,直到对方进入大我境界。问话中的渴望或愿望也可用渴求、需要、想法等代替。

其实唤醒大我的过程,也是带领一个情绪的小我成长的过程。我们的内在有很多较低层次的情绪小我,所有小我存在的目的都是为了回到大我的怀抱,成为大我。如果我们不能帮他们达成这样的目的,他们就会一直停留在我们的内心,给我们制造负面情绪和负面感受。一旦我们关注他们的目的,协助他们回到大我的怀抱,他们就会立刻消失,因为它们的目的已经达到了。

搞清楚了吗?一个还不知道内在有个大我的人或还没有感受到内在大我的人,要想把他内在的大我唤醒,并让他享受到大我的状态,通常要借助内在任意一个小我的帮忙,因为内在任何一个小我都知道大我在哪儿,而且内在每一个小我存在的最终目的都是要回到大我的怀抱。

小我只有借助我们的思想通路才能到达大我那里，我们也要靠小我带路才能发现大我、唤醒大我、感知大我。

唤醒大我的过程，也是扩大我们的责任范围、突破较低层次的人格局限的过程。在这个过程中要重视以下 3 点：

●用推进的问答句式探索大我。

●要巧妙引导对方突破来自于较低层次的瓶颈。比如他拥有了钱财以后，就什么都不想要了，那么你可以说："日子就这样重复地过着，有一天电视在报道一个蹬三轮车的 70 多岁老人，资助了 10 多个贫困生的事迹，你可能产生了一些深层思考，后来你又产生了新的人生想法。请问那个想法会是什么呢？"

●当对方拥有了大我的意识、感觉和智慧的时候，让他去找寻那个令他烦恼的人或事儿存在的正面意图和价值。让他深刻意识到那一切的发生都促进了自己的人格成长，这种成长是非常有价值和意义的。于是才能真正接纳那个发生，真的接纳了那个发生意味着不再因为那个发生而烦恼，即使再看到那个人或回忆起那件事儿的时候，也不会有烦恼，只会有动力了。

请记住，大我的觉察能力和接纳能力最强，要想快速提升接纳能力，就要立刻唤醒大我，时刻让大我帮忙！

大我被唤醒以后，指导老师让我们从事推销工作的全体同学，集体充满激情地、高声地朗读优秀销售员自我意象：

我是善于觉察的推销员，我能觉察客户的意图和目的，并能给予关照；

我是善于同频的推销员，我能感受客户的情绪，并能给予同情；

我是善于透视的推销员，我能看清客户的性格类型，并能给予尊重；

我是善于通心的推销员，我能知晓客户的价值观，并能给予理解；

我是善于同理的推销员，我能发觉客户当下的需求，并能给予支持……

我是善于接纳的推销员，即使遭遇拒绝、冷眼、侮辱、诽谤、误会、嫉妒……也不会干扰我的情绪，因为大我已经在我的心里，我能接纳一切、理解一切。

我是被人需要的推销员，因为大我在我心中，我靠产品做纽带，不断传播着接纳的理念，传播智慧，传播各种摆脱烦恼和痛苦方法，传播唤醒大我和促进心灵成长的方法，我带动了越来越多的人活出了最佳状态。

我是伟大的推销员，我知道我的神圣使命是不断提升自己的人格层次和生命层次，我已把这样的神圣使命融入了我的工作，因而我的工作也变得很神圣。

大我在心里给我智慧、给我能量、给我方法……我的神态变得越来越谦和、慈悲，我的亲和力越来越强，我的感召力越来越大……一个人是为自己活着的时候，就会感觉很苦、很累；一个人是为别人、为社会、为人类活着的时候就会感觉充实和幸福。

每当我想象自己是第六个层次的推销员的时候，我内心就会立即充满一种激情、一种力量，我自己都能感觉到我的神态变得慈悲了、谦和了；我也能感觉到我的能量场在增强，我默默地在向每一个有缘与我见面的人传达这样的信息：我愿意用我的智慧和努力帮助你摆脱烦恼，协助你心灵成长。

五分钟作业

请你在5分钟之内协助一个人唤醒他心中的大我。

（提示：方法请参照我刚才讲过的内容）

大亨：夫妻之间接纳的艺术

昨天晚上，我太太跟我说，谈恋爱的时候，你曾经对我说过“我爱你”这句话，你知道吗，当时我听了那句话很感动，并且那句话也给了我很多快乐和自信。可是为什么结了婚以后，你没有再说过那句话呢?现在你要跟我说实话，你是不是不爱我了?

我是这样回答的：噢，我明白了，在你的感觉里我说出那句话，比我去履行那句话还重要。对不起，我以前并不了解你的这种感觉，我还以为曾经表达过了，现在只要实实在在对你好就行了……然后我小声说了一句：“我爱你！ ”她感觉很得意。

(自我点评：我认为我接纳得挺好，因为我的话让她变得很得意。)

在没学习接纳以前，我可能会这样说：都老夫老妻了，还什么爱不爱的。我对你怎么样，你还感觉不出来呀?前天还给你买了一双300多块钱的鞋呢。孩子都那么大了，你整天还胡思乱想些什么呀?

(自我点评：这是自以为是的说教，不是接纳！无法解除妻子内心的负面情绪和困扰。)

晚上睡觉的时候，我又对她说：你很喜欢听那句话，真对不起，其实我现在比过去更爱你了，只是我这个人不太好意思那么说。

以后你想听那句话的时候，你最好先带个头，只要你先说你爱我的时候，我可能就会把那句话说出口了。

不过你心里一定要明白，即使我不说那句话的时候，我也是非常爱你的。

(自我点评：接纳得肯定很好，因为我老婆被我感动得流泪了！)

今晚作业

请你今晚回到家以后，选择适合你及家人定的一种方式——接纳他们。

大小姐：如何接纳非常自私的人

我的接纳水平越来越高了，也许这样讲话有点儿不谦虚，主要是因为我现在挺兴奋的，在来这儿之前我用接纳处理一件事儿的过程表现得比较精彩，现在的心情还挺兴奋呢，所以今天就跟你们分享那件事儿。

事情是这样的，我们家洗手间的天棚上漏水了，漏水的原因是楼上那家洗手间的地面防水做得不好，我们已经跟他家说了好几次，要求他们家修一修或重新做一下防水，可是几天过去了他们家无动于衷。

我知道，抱怨是没有用的，有用的是接纳和接纳后的决策。接纳他们家，就要读懂他们家。我意识到了，他们家的人根本不懂得为别人着想，以前几次我们跟他们家说的时候，都试图让他们站在我们家的角度为我们着想，可是没什么效果，他们顾及的只是自己。于是今天我是这样对他们说的："提醒你们家要尽量抓紧时间处理，其实这也是为你们好，按我们老家的风俗讲，水漏到别人家，就等于把财运漏到了别人家！"

果然这一招奏效了，听了我的话他们一家人都瞪大了眼睛，等反应过来以后，他们才痛快地表示明天一定会处理的。好，他们总算着急了，我知道他们是不想让我再一次意识到，一旦善于觉察和接纳了，即使你面对的是一个和你想法和人格都不同的人，你也不会陷入消极情绪的陷阱。可能在对方自以为是地表演时，你十分清楚对方心里面是哪个层次的小我在表演，你会很平和、很理性、很智慧地决策和回应，正所谓道高一尺，魔高一丈。

接纳就是更客观地看明白一个人或一件事儿，然后制定最佳决策，达成合理目的。

五分钟作业

以下是我对公共场所坐便的感受，看完以后请发表你的意见。

很多朋友都可能有这样的感觉，公共场所——比如宾馆、餐厅、飞机上、火车上、长途公共汽车上的厕所，如果是坐便，大家就会感觉很不卫生，尤其女士，我曾做过调查，差不多80%的女士，无法真的坐在那上面，她们都各自千方百计用自己创意的方法使用坐便。呜呼，哀哉，好别扭、好麻烦、好辛苦哟！！！

是的，在一些很发达的国家，他们喜欢用坐便，那是因为他们厕所里面的设施特别齐全，一次性的坐便套是可以免费使用的，人们也能够自觉保持坐便的卫生。可是我们现在的公共厕所实在不适合用坐便。也许那些搞设计的都是男的，他们站着尿尿，不知道坐着尿尿的需要和感受。

我也是不喜欢用公共坐便的人，每次出差住酒店或宾馆，我都要问问除了房间的厕所以外，有没有公共蹲便的厕所，如果没有我就会换一个起码有公共蹲便的住处。现在越是高级的酒店，越是整个楼都很难找到蹲便，有时为了更容易享受到蹲便的待遇，我就选择住比较干净的招待所。

我真的希望建造、装修公共场所的厕所的时候，大家渴望用蹲便的想法和要求能够得到重视和接纳！！！！！！

在飞机上我也出过一次笑话。使用飞机的洗手间，我到处找不到冲水的按钮，于是竟然把报警按钮当成了冲水按钮，报警器一响，两三个服务员立即跑过来了，搞得我很狼狈、尴尬。其实上面有文字说明，可都是英文的，我看不懂。可能那是进口飞机，但应该把需要每个人都看懂的一些英文翻译过来，我认为这是很重要、又很容易、也是必须要做的事情。

我在此呼吁，公共场所的厕所设计与装修一定要以人为本，接纳我们女同胞的需要！！！

梦中情人：如何用接纳的语言，打消一个人的自杀念头

假如你的好朋友，受到了某种打击，对人生绝望了，打电话对你说他就要离开人世了，电话跟你告个别。

那么你应该怎么说、怎么做才能打消他自杀的念头？

以下两种做法，你的做法会接近于哪一种？

第一种回应方式：

你要想开点儿，没什么大不了的，天塌不下来。你想过没有，要是你真有个三长两短，那么你的父母该多伤心哪……

（点评：这样的一些说法，只会让对方感觉更烦、更躁、更有压力、更痛苦、更容易导致全面崩溃。并且对方可能会认为你也不能理解他，甚至后悔给你打电话，并想立即放下电话。这样,他不会信任你,也不会听你的了。)

第二种回应方式:

我非常能理解你现在的感受，如果我遇到了这样的打击可能也会和你现在的想法一样……我最近也遇到了麻烦,心情特别不好,我很想过去和你聊聊……

(点评:这是很好的接纳,对方马上会感觉你很理解他,你和他的感受一样,并会把你当成真正的知己,也很想知道你究竟遇到了什么麻烦， 的确想跟你见面聊一聊。接纳的过程就是理解对方的过程,接纳的过程也是让对方信任的过程。只有对方接纳了你,你才能够有效地阻止对方的某一种危险想法和行为。)

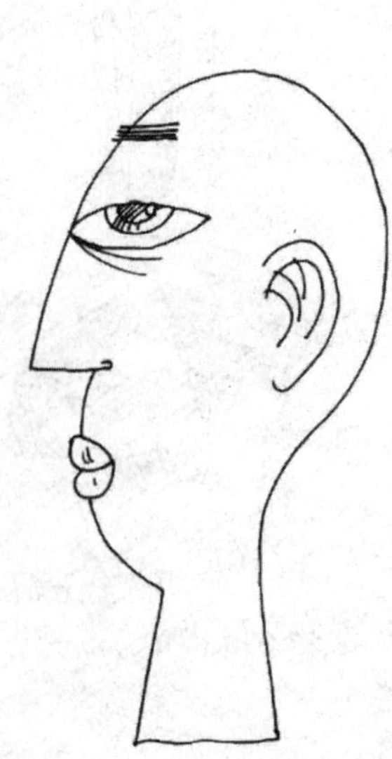

五分钟作业

请你在5分钟内说出——接纳最忌讳扮演哪几种角色?

(提示:答案在本书前 25 页之内即可找到。)

接纳感悟

人生经常会遇到很多不如意的事情，无论你是谁，你有多少钱、有多高的地位，都无法避免要经历一些磨难。但假如我们能用接纳的心态来面对那些挫折和磨难，就不会焦虑、痛苦、郁闷、怨恨和绝望了，就能够在挫折和磨难中千方百计地找到对我们成长和进步有益的要素，于是挫折和磨难就变成了提高我们生命层次的台阶和力量。

所谓接纳挫折和磨难，就是要用慧眼找出其中蕴藏着的对我们成长和进步有益的要素。人生的目的就是为了不断提升自己的生命层次，而挫折和磨难最能促动我们开悟、开智，最能推动我们成长、提高。每一次挫折和磨难都是锻炼自己、提高自己的机会，我们要充分利用好这样的机会，你若能在一次次的挫折和磨难中站起来，你就成了巨人！

能够接纳挫折和磨难的人，遇到挫折和磨难的时

候常常这样想：

●所有的发生都是为了磨练我、提高我、增加我的智慧；

●不要指望别人给你支点，你要学会自己给自己支点；

●这件事情的发生包含着哪些对我有益的要素？

●解决这个难题能给我带来什么好处？

●我应该在哪些方面有所提高？

●我能从中学到什么？

●世界上最优秀的人面对这件事时会怎样处理？

不能接纳挫折和磨难的人，遇到挫折和磨难的时候常常这样想：

●我为什么这么倒霉？

●我为什么运气这样不好？

●他为什么这么凶残？

●他为什么如此不讲理？

●他为什么还没受到惩罚？

●他们为什么处理问题不公平？

不接纳，寸步难行；接纳，万事亨通！

接纳警言

接纳是每一天的功课，
接纳是每一天的作业。
接纳要时时刻刻感悟，
接纳要时时刻刻运用。
接纳当下的发生，
接纳当下的缘分。
只要接纳了，内在的心结就会被打开，
只要接纳了，命运就会一天天好起来。
每一天都是接纳的课堂，
每一天都记录着心灵的成长。

第三天

今天的天气很好，感觉大家心情也不错，和你们在一起进行心灵成长的工程，我们感觉其乐无穷。接下来我们就与你们分享“接纳不可忽视的 5 个原则”，以及我们运用接纳的故事。

接纳常识：

接纳不可忽视的5个原则

大亨：接纳的全局原则

接纳就是要关照到系统中的更多方面。值得强调的是我们既要接纳别人，也要接纳自己。也就是说接纳既不能忽视别人，也不能忽视自己。只顾得接纳别人，却耽误了自己实现更大的理想和价值，就是片面的接纳。

接纳最忌讳片面，接纳不能忽视系统中的主要成员，接纳要照应到系统中的更多要素。我——其实并不属于我自己的，我的价值、我的潜能、我的事业、我的成果、我的前程……都是属于社会的、人类的。所以每个人在尊重、接纳、保护他人利益的同时，也必须要有意识、有责任和义务尊重、接纳、保护自己的崇高理想、时间、精力、健康、工作计划等。上苍绝不会允许任何人丢失自己、践踏自己的价值。

大小姐：接纳的目的原则

接纳的目的是为了引导人和事物朝向和谐、真善美的方向发展，因而在接纳中所采用的一切方式和方法都应该是道德的、随缘的。在这个前提下，我们还可以进一步地说接纳的目的是为了不断提升自己和他人的人格层次和生命层次，让小我变成大我，从而成为更有价值、更有意义、更崇高的人，为创建人类和平、和谐、幸福的生活而不懈努力。偏离或背离了这样目的的所谓接纳，都不是真正的接纳，只能是迷惑人的把戏和伎俩。

小九九：接纳的情绪原则

接纳的结果必然是接纳者的心灵有了成长或呈现成长的态势，于是内在会产生幸福、舒适感。如果你的心里仍然对当下的事情存有某种消极负面的情绪和感受的时候，就表明你当下还没有真正做到接纳。

开心果：接纳的人格原则

接纳的时候，心里活跃着的绝不是情绪的小我，而是智慧的大我；那个我的人格层次越高，所拥有的智慧就越多；所拥有的智慧越多，接纳得就越完美。

梦中情人：接纳彼此双方人格对比原则

接纳与被接纳的那个当下，彼此亮相的人格呈现这样的态势——较高层次的人格能够接纳较低层次或同层次的人格；而较低层次的人格却很难接纳较高层次的人格。这也就是说不要指望层次比你低的人来接纳你。不接纳是没有出路的，所以要善于唤醒心中高层次的人格承担接纳的任务。

五分钟作业

请你分别用一句话，概括接纳的5个原则。

与你们分享接纳的故事

开心果:如何接纳考试成绩不理想的孩子

又见面了,心情怎么样,要像我这样天天开心噢!今天与你分享我给大人辅导接纳的故事。

我班贺景峰数学没考好,才得了 70 分,放学了他不敢回家,他说回家肯定是要挨骂、挨打的。

我决定跟他一起去他家。因为我是班长,我有责任协助每个同学摆脱心理困扰。贺景峰已经被他父母打“∧”(趴啦)了(请参看书后附录注解),胆小、自卑、不善与人交往……我感觉再这样下去,他的成绩不但不会提高,反而还会下降。

见到了他的父母,我们的沟通是这样展开的:

开心果:

阿姨好,叔叔好!

现场动态情况介绍:

景峰爸妈都显出了皮笑肉不笑的表情。

开心果在心里自言自语：

这两个人，人格层次不太高。无论他们怎么对待我，我都要接纳。

开心果：

阿姨、叔叔，别看我相貌丑陋，但我学习好、品德好，我是班长，也是景峰的好朋友。我和景峰制定了一个方案，实施这个方案，景峰的学习成绩就会提高得很快，并且心理素质也会迅速提升。我想把这个方案跟你们说一说，也希望得到你们的配合。可以吗？

现场动态情况介绍：

景峰爸妈脸上的笑容变得自然和真实了。

景峰爸妈：

好啊，好啊，说说看。

开心果：

可以说以前我的状态和景峰差不多，景峰和我不同的是，景峰长得比我好看。因为我丑陋，爸妈都不喜欢我，那时我自卑、胆小，心里的烦恼和压力都很多，于是也就无法用心学习了。

我的一切变化都是运用接纳的结果。现在爸爸、妈妈和我都会用接纳了，接纳创造了我们家庭的和谐和幸福。

你们看看这份资料，假如一个孩子某一次考试没考好，因而他情绪很低落，那么做父母的应该如何接纳孩子当下的情绪状态？

下面三个漫画展示的是三个家长回应的方式，请你们从中找出哪一个是正确的接纳方法。你们通常使用的回应方法接近于哪一个？

方法一：

家长很生气地说："你能不能说一说这次考试你为什么没有考好？"

（点评：请注意，接纳通常情况下不要以问题开始，因为需要接纳的人，往往渴望接纳他的人已经能够了解情况了。而用问题开始，往往让对方立刻感觉你不在他的频道中，你可能很难理解他，于是对你产生怀疑、不信任，甚至反感。）

方法二：

家长很无所谓的样子说："没事儿，只要你努力了就行了，妈妈以前也怕考试。”

（点评：别忘了，接纳并不等于赞同。接纳孩子的目的是为了让孩子“V”（发啦）（请看书后附录注解），恢复积极正面的情绪和想法，然后推动他成长、进步和提高。单纯的安慰和纵容并不是我们的目的，这位母亲有点儿纵容孩子，这可能会让孩子产生什么都无所谓，不思进取的思想苗头。）

方法三：

家长很和蔼地说：“我知道没考好你很难受，我也知道下次你特别想考出好成绩。世上无难事，只要肯登攀！妈妈相信你，也愿意为你加油，和你一起努力……”

（点评：语言充满了接纳，尤其是“我也知道下次你特别想考出好成绩”这句话即深入到了对方的内心深处，又巧妙地激励、推动对方去争取下一次考出好成绩。）

现场动态情况介绍：

景峰爸妈都承认自己经常使用的是不接纳孩子的方法。他们都认为第三种方法的确更好。

开心果：

我们将要实施的方案要点如下：

●确定时间，我和你们一家人共同学习和演练接纳；

●我还要把我自己总结出的学习方法和记忆方法分享给景峰；

●在学校我要多关心景峰，要成为他的好朋友；

●在家里你们当父母的要用接纳的方法对待景峰，呵护景峰的心理健康；

●力争一个月以后，景峰学习成绩前进 10 名，并且充满自信、开心生活和学习。

景峰父母：

好的，好的！我们一定全力配合这个方案的实施。只要景峰的成绩能提高，我们做什么都愿意。

后来就开始实施那个方案了，学会了接纳以后，景峰和他的爸妈都变了，景峰每天都很开心，他的成绩也如愿以偿前进了 10 多名。

景峰的父母非常感谢我，每次一见面，他们也高兴地叫我“开心果”。帮助人的感觉真爽！已经有越来越多的人需要我了!!!

要想成为快乐的人,就要学习运用接纳;

要想成为受欢迎的人,就要学习运用接纳。

哈哈哈!!!

下次再见!

作业

请你把下面的信与3个以上的家长或老师分享。

尊敬的家长朋友:

我们始终不要忘记,父母教育孩子的目的就是为了让他始终处在脑、身、心健康的“V”(发啦)状态。

孩子处在“V”(发啦)状态的时候,头脑灵活、心情好、身体也好;孩子处在“V”(发啦)状态的时候,充满自信,有能力面对并战胜问题和挫折;孩子处在“V”(发啦)状态的时候,能够平和地与父母沟通,也能够敞开心扉接受别人较好的建议或主张。

而孩子处在“Λ”(趴啦)状态的时候,大脑反应迟钝、心情抑郁、身体虚弱;孩子处在“Λ”(趴啦)状态的时候, 非常自卑,没有勇气面对问题和挫折;孩子处在“Λ”(趴啦)状态的时候,容易产生逆反情绪,不愿意倾听别人的建议或主张。

接纳孩子的目的,就是为了让孩子由 “Λ”(趴啦)状态转化为“V”(发啦)状态。假如一个孩子长期处在“V”(发啦)状态中,他的潜能就会爆发;而假如一个孩子长期处在“∧”(趴啦)状态中，他的潜能就会被埋没。

孩子出现问题的时候，就会变得很“∧”(趴啦)，因而越是在这样的时刻，家长越需要用接纳的心态、智慧和方法，千方百计让孩子快速变成“∨”(发啦)状态。

如果你能让孩子快速变得“∨”(发啦)，那么，问题就会由大变小，由小变无；如果你的方法让孩子越来越“∧”(趴啦)，那么小问题就会变成大问题，简单问题就会变成复杂问题，孩子内在的问题和困扰就会越来越多。

无论孩子出现了什么问题，父母都要先接纳他，接纳是解决问题的第一步，也是不可忽视和缺少的第一步。当孩子感觉被接纳和理解了以后，就会配合父母正确面对和解决问题。要想有效地接纳孩子，就要站在孩子的角度考虑问题。

●接纳的时候，一不小心就会充当自以为是的主观建议者或说教者；

●接纳的时候，一不小心也会以无聊的、多余的问题开始；

●接纳的时候，一不小心还会被对方牵着鼻子走，以至于丢失了自己的目的。

接纳啊，接纳，你渗透在生活的一切细节里，越有智慧的人，就越善于接纳。练习和运用接纳，也会不断提高自己的素质和智慧。

祝天天快乐！

心灵成长工作室全体朋友

2006年3月

大亨:接纳在国际关系中的应用

今天看报纸，我被这样一篇报道深深感动了——2005 年 11 月 3 日，以色列士兵进入约旦河西岸城市杰宁难民营搜捕巴武装人员,双方发生交火。一名以色列士兵看到远处有一个拿枪的人，他以为那人是巴武装人员,所以开枪射击,结果倒下的却是一个 12 岁的名叫哈提卜的巴勒斯坦少年，他手中拿的是一把玩具枪,哈提卜被送往医院抢救无效。

出人意料的是，哈提卜的父母在失去了宝贝儿子的悲痛中，却做出了一个非常崇高和伟大的决定——决定将哈提卜的器官捐献出来拯救以色列人。哈提卜的器官将使 6 名以色列人的生命得以延续。昨天他的心脏已经被移植给一名和他同岁的以色列女孩，那位女孩已经从手术中苏醒。哈提卜的父母说不管哈提卜的器官拯救的是犹太人还是阿拉伯人，毕竟大家都是人。哈提卜的父母之所以这样做,是为了拉近两个民族的心灵,祈祷和平尽快到来。

我认为哈提卜的父母在面对儿子意外身亡这件事情上,表现出了最高境界的接纳。他们没有选择抱怨、愤怒、复仇等消极负面的情绪,而是超越了种族、超越了敌对、超越了狭隘、超越了自我……让不幸过世的儿子完成了拯救以色列病人神圣、光荣的任务，也整合着两个民族的伤口……

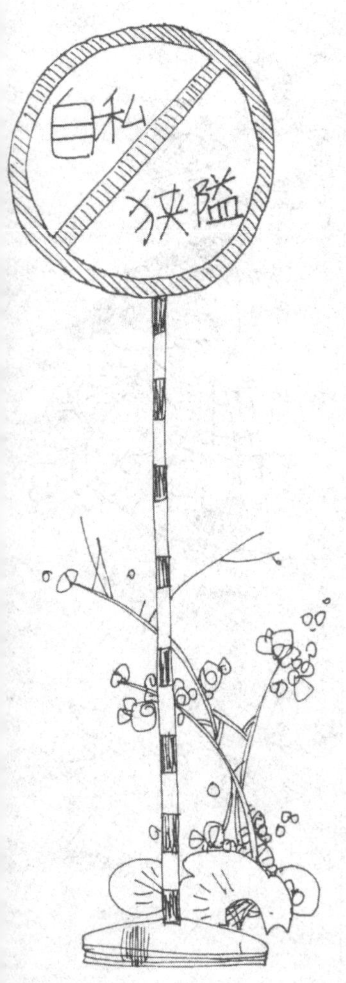

读着、思索着这篇报道，我这个不善流泪的人，也被感动得流泪了。我对什么叫接纳以及接纳的作用有了更深刻的认识——接纳就是跳出狭隘的、自私的小我的思维，看到、感受到与事件相关的更大系统，更多、更复杂的要素，更深层、更根本的原因，更宽泛、更长远的未来……从而避免掉进消极情绪的陷阱，心态平和地选择相对更好的方法，公正、公平、合理地处理解决问题。我也意识到了接纳是解决一切问题的最佳出路，接纳可以牵引系统中的更多要素朝着积极正面的方向发展。试想如果巴勒斯坦人和以色列入都能够拥有哈提卜父母一样的接纳胸怀，那么大家就会选择放下武器，停止血腥的恶性报复的循环，让灾难深重的中东沐浴在祥和的曙光里。

后来我在全体员工大会上，把这篇报道分享给了大家，当时有人倡议全体起立，为不幸去世、捐献器官拯救以色列人的巴勒斯坦少年哈提卜默哀 3 分钟，然后向拥有崇高接纳境界的哈提卜的父母深深鞠躬 3 次表示由衷的敬佩。

全体员工带着激动的心情立即响应倡议，就在这样的过程中每个员工都被深深地感动着，生命也在升华着。

那天的一切真的让我很感动，于是晚上我写下了如下感言：

我们每个人都应该拿出勇气来检讨我们的自私性、狭隘性和局限性。我们只有不断突破较低人格层次的瓶颈，才能真正创建和谐的社会、和平的世界！

自私和狭隘是我们内在冲突的根源；

自私和狭隘也是人与人之间冲突的根源；

自私和狭隘同样是宗教之间冲突、种族之间冲突、国家之间冲突的根源。

我们只有运用接纳，才能彻底消除冲突和矛盾。全人类是一个大家庭，尽管我们居住的地方不同、肤色不同、习惯不同……但我们都是兄弟姐妹。其实地球上的每一寸土地都是我们这个大家庭的。我们的注意力应该始终放在——怎样才能利用现有的条件和资源，让每一寸土地上的同胞生活得更美，至于那里曾经发生的是与非，我们应该逐渐学会看开、看淡、不必过于计较。

我们应该尽快从狭隘的民族主义的阴影中走出

来，我们应该有站在全人类的角度思考问题的大胸怀、大气概、大视野，应该更重视和强调活在当下的意义，也应该着眼于未来。相比当下和未来，过去的就让它过去吧！哪一代人能够秉持这样的心态，哪一代人才能活得更高尚，才能更有利于造福后代子孙。

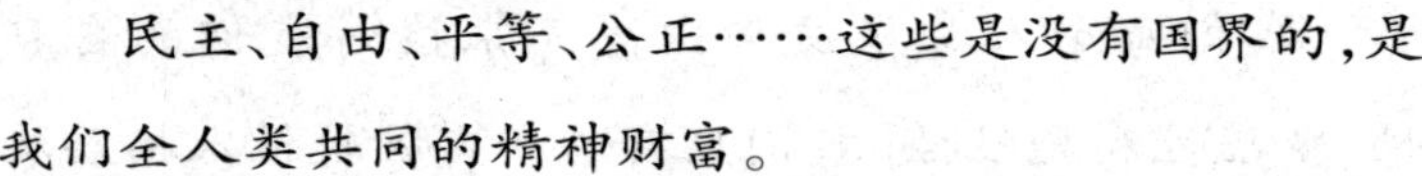

民主、自由、平等、公正……这些是没有国界的，是我们全人类共同的精神财富。

真正的圣战，应该是在自己的心里进行，而绝非是动枪动炮的恐怖行为。全世界人民都应该行动起来，在自己的心里打一场圣战——战胜自私的、狭隘的、局限的、目光短浅的、自以为是的小我意识……努力成为一个关爱全人类，关爱整个大千世界的全球人！

今晚作业

请你想一想从小到大。你在多少个重要的关头，只站在了自己的角度上思考问题。扮演了自以为是的主观建议者或命令者或唠唠叨叨说教者或责怪责骂者？有因此而被你深深伤害过的人吗？如果有必要，请你拿出勇气来向他道歉吧！

大小姐：医生应该如何接纳患者

我最近感觉左后脚跟很痛，于是就去市医院看外科医生。外科医生让我拍片，等片子出来了，我拿给那个医生看，医生看了拍子以后说："从片子上看你的后脚跟没有问题。"然后这个外科医生给我开了几种药，有止疼的、消炎的、活血的……当他把药方给我时，并没有说明为什么要吃这些药，也没说明我的后脚跟为什么痛。

于是我又问："那么我的后脚跟为什么会痛呢？"

外科医生开始有些不耐烦地说："我都说了从片子上看不出什么问题来。"

我不好意思再问了，拿着药方走出医院，可是心里却很困扰，我的后脚跟究竟为什么这么痛呢？

不搞清楚病因，我怎么可以胡乱吃药，我把医生开给我的药方撕碎了，以表示我对他服务态度的不满，他是一个根本不懂得接纳的医生。

我又换了一家医院，根据直觉选了一个比较负责任的医生，果然这个医生给了我满意的答案，原来是因为我鞋子的问题，使脚的那个部位软组织出现劳损，要换一双鞋，并且坚持做一做足底按摩就好了。

这次看病的经历，让我深刻意识到医生也应该学习接纳。我认为作为一个医生面对患者的时候，起码应该做到以下几点：

●感受患者的感受；

●觉察患者的需要；

●揣摩患者的意图或目的；

●解读患者的情绪；

●明白患者需要给予哪些指导、建议或安慰；

●清楚患者需要解除哪些顾虑；

●斟酌、给出最适合这个病人的，非常负责任的治疗方案。

有一些医生，当他们面对患者的时候，揣摩的根本不是患者的感受、想法、困扰、顾虑、需求……而是琢磨如何让患者多出一些钱，从而自己多拿一些奖金或回扣；如何让自己少说一些话，从而多一些休息。

一个不懂接纳病人的医生就不是好医生。如果一个医生不懂得接纳，他的诊断和治疗都可能存在主观偏见，甚至还可能为了自己多拿奖金给患者开一些根本就不适合他们用的药，结果病人的病可能越看越重，其实现在有不少病是因为用药不当造成的。

一个患者被医生接纳了以后，他的心里就将会变得很温暖，也会滋生力量，协助医生战胜疾病。

这次医院之旅，也让我反思了很多关于健康的问题。我认为，我们每个人也都有一个不可以忽略的责任——那就是接纳自己的身体健康！

以下是前不久我和一个朋友的对话：

朋友：

其实你也是一个百万富婆！

我说：

别逗我乐了，我要是能成为百万富婆，那可能就没有几个不是百万富婆的了。

朋友：

算你说对了，其实很多人都是百万富翁，遗憾很多人却意识不到。

我说：

你这话究竟是啥意思啊？

朋友：

因为健康人身上的几种主要器官，按现在的市场价格，价值人民币260万元。

我说：

哇，这个思路倒是很有意思的。

朋友：

所以一般的人都是百万富翁。可是很多人却不够重视保健，并且为了赚钱不惜透支生命。其实真要把哪个身体部件搞坏了，按那个部件的市场价格核算，其结果你不是赚了，而是赔了。

我说：

看来赚钱的时候，要考虑身体成本。你今天给我上了重要一课。

朋友：

别忘了把这一课和朋友们分享。

我说：

你也别忘了把接纳方法和朋友们分享。

朋友：

咱俩心肠多好!

我说：

《内经·阴阳应象大论》说：人有五脏化五气，以生喜怒思悲恐。情绪失度伤及五脏。

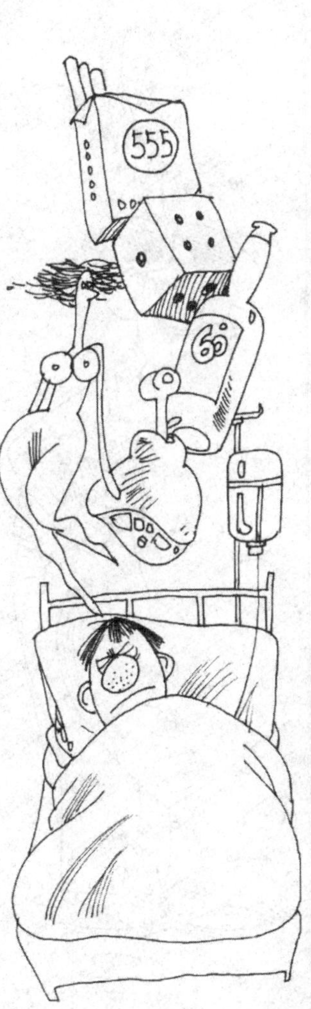

喜伤心——当我们过分激动或冲动的时候，便意味着我们那一刻没有接纳自己心脏的感受。

怒伤肝——当我们产生愤怒或仇恨情绪的时候，便意味着我们那一刻没有接纳自己肝的感受。

思伤脾——当我们过分焦虑或特别思念一个人的时候，便意味着那一刻我们没有接纳自己脾的感受。

悲伤肺——当我们过分悲伤或忧愁的时候，便意味着我们那一刻没有接纳我们自己肺的感受。

恐伤肾——当我们过分恐惧或着急的时候，便意味着那一刻我们没有接纳自己肾的感受。

还有，当我们饿了不吃饭、渴了不喝水、困了不睡觉、想上厕所却因为忙强行憋着的时候，还有乱吃、贪吃、贪色、贪酒、贪烟、迷恋网络游戏、不运动，等等，都是对自己身体的不接纳。

朋友：

说得好！身体是1，其他一切都是0。如果这个1出问题了，其他一切都没有意义了。

本周作业：

一周之内，你要把接纳身体健康的理念分享给3个以上朋友。

小九九：接纳内在小我，带领他们成长的方法

我曾经说过，要想快速提升接纳的能力，就要在 3 个方面下工夫：唤醒内在沉睡的大我；挖掘内在的一些主要小我，协助他们回到大我的怀抱；重视大我，时刻让他帮助你思考和决策。

上次见面，我已经和你们分享了唤醒内在沉睡大我的方法。今天要和你们分享的是挖掘内在主要小我的方法，以及如何协助那些小我快速回到大我怀抱和怎样才能每时每刻让大我帮助我们思考、决策的方法。

在“接纳特训营”里，我们每个人至少要挖出内心深处 3 个对现状影响很大的小我人格。然后接纳那些小我，协助他们一步一步实现最终目的，他们的最终目的都是想投入大我怀抱，拥有大我的人格，和大我合为一体。

当我们的主要人格还没有进入第六个层次的时候，我们的内在就会有一些小我。人格层次越低的人，内在的小我就会越多。我们的主要人格是属于哪个层次的，哪个层次的我就会占据我们思想的主导地位。若想快速让大我成为我们的主导思想，我们就要快速提

升自己的人格层次，而快速提升自己人格层次的方法就是不断地、及时地找出内在的一些小我，协助他们实现目的，让他们回到大我的怀抱。

在我们心灵成长的过程中，我们的内在往往同时存在着不同层次的小我——没有任何责任心的小我；极端自私自利的小我；以家庭利益为重的小我；以团队或集体利益为重的小我；以国家利益为重，但却忽视了全人类的利益，比较接近大我的小我……

我们要反复强调的是，任何层次小我的存在都会给你制造是非和麻烦，让你烦恼和痛苦，而他们这样做的目的是为了引起你对他们的关注和重视，为了让你带领他们回到大我的怀抱。你帮助他们达成目的以后，他们奖给你的回报是让你的生命层次和人格层次产生飞跃，从而拥有和享受人生更大的快感和幸福。

其实小我用心良苦，他们想用痛苦刺激你、提醒你加快心灵成长。只要你的人格提升了一个层次，那么原来那个层次的小我就消失了，因为他们的目的达到了，不过他们的最终使命并没有达成，于是由下一个层次的小我继续承担他们共同的最终使命，那就是让你最终成为第六个层次的大我。

一旦你的内在完全充满了大我的意识和智慧，各层次的小我就纷纷消失了。你内在的大我越真实、稳定，小我消失得就越彻底。假如大我还处于朦胧、模糊、隐约的状态，小我还会坚守岗位、努力给你制造各种烦恼和困扰，催促你快一点儿提升。

如此看来，我们内在的每一个小我都值得我们去关注、关爱、关心，他们一直含辛茹苦地为我们承担着责任，我们却不能真正理解他们，还不断地给他们加砝码、增压力……对待他们我们表现得那么麻木、那么自以为是，遗憾啊！我们真要是懂得感恩的人，我们就应该尽快解放他们，让他们回到大我温暖的怀抱，他们真的好辛苦、好累，真的需要大我的安慰和爱抚。

如果说我们人生的目的就是为了生活得更快乐、更幸福，那么只有到达第六个层次的时候，我们才能享受到人生最最美妙的快乐感和幸福感，并且那种快乐感和幸福感是恒常存在的，不会波动的。

我们处在较低层次上的时候，也会获得一些快乐和幸福，但那样的快乐和幸福都是暂短的、有条件限制的。我们的情绪始终处在波动状态，一会儿开心，一会儿沮丧；一会儿觉得生活很美好，一会儿觉得活着没意思。并且恐惧始终潜伏在我们的潜意识里，因为我们担心会遇到挑战、害怕打击、害怕挫折……

只有第六个层次的快感才会充满全身心，而其他层次的快感只会是局部的、有限的。也只有第六个层次的快感，一旦拥有了就永远不会消失了，它永远停留在你的内在，因为它的产生是你向内求的结果，一旦那个快感的源泉被你发现了，你就会源源不断地享受到它给予你的滋养。而其他层次的快乐是你向外求的结果，身外的存在总是变化不定的，外面促成你快乐的条件一旦发生动荡、变化，你的快乐就会立刻消失，接续你感受的将是痛苦，而且那种痛苦很可能还会践踏或摧毁你内在更多本来舒适着的部分。

因而我们可以这样说，人生的过程，就是为了不断提升人格层次和生命层次的过程，在这样的过程里我们才能领略、感受和体会到更加美妙的、恒常不变的、纯粹的、真正的快乐和幸福。这就是我们人生的目的，达成这样目的的捷径就是不断提升自己的目标层次，也不断扩大自己所要承担的责任，不断接纳自己内在的小我，带领他们回到大我的怀抱，尽量让大我每时每刻陪伴我们，帮助我们思考和决策。

我们要蔑视没有任何责任心的行为，不做精神死亡的人；鄙视以小我为中心的思想和行为，不做自私自利的人；轻视一心一意只为小家庭打算的思想和行为，不做世俗的人；要乐于为团队承担责任和义务；要积极为国家和社会承担责任和义务；要敢于为全人类的和平和幸福承担神圣的责任和义务，同时承担起保护地球环境，关爱大千世界的神圣责任和义务，成为最有智慧的大我。

常用的挖掘自己内在小我的方法主要有以下3种：

1.锁定情绪，探索小我法：想一想过去或现在哪些事情的发生还让你有伤心、委屈、难受等消极负面的情绪，那些情绪都是小我制造的，锁定一种消极情绪，就等于抓住了一个小我。

2.请别人协助揪出小我法：邀请一个或几个朋友，让他们坦诚、尖锐地指出你的小我人格表现。别人协助你揪出来的小我，往往是你自己很难觉察到的，但却可能是主导你思想和行为的，给你工作和人际关系已经造成了很多负面影响的小我。

3.利用“人生状态评估表”，查看自己内在小我分布在哪些层次上。

人生状态评估表

根据所承担的责任和使命的不同，可以把人生的方方面面都划分为 6 个层次，每个层次的人格便有所不同。	目标层次	爱情层次	思想层次	消费层次	烦恼层次	快乐层次
第六层次的人——关爱全人类和整个大千世界的大智者。						
第五层次的人——能以国家利益为重，但缺乏全球观念，是比较接近大我的人。						
第四层次的人——能以团队或集体利益为重，但却不够重视国家和全球利益。			●		●	
第三层次的人——以家庭利益为重，是比较世俗的人。	●	●		●		●
第二层次的人——以自身利益为重，是麻木、不懂得感恩的人。						
第一层次的人——没有任何责任心，是行尸走肉，精神死亡的人。						

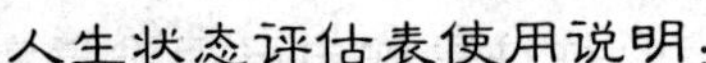

人生状态评估表使用说明：

此表既可以用于查看自己内在的小我状况，也可以用于测量人生成就的大小。

人的生命状态可以划分为 6 个层次，其实人生的方方面面都可以划分为 6 个层次，因为表格所限，在此只涉及了目标层次、快乐层次、爱情层次、消费层次、烦恼层次、思想层次 6 个方面。你还可以把这个表无限延伸，加入更多的方面，从而更全面解读你的人生。

目标层次——你目前的主要人生目标是属于哪个层次的，你就在哪个层次里点一个点儿。比如，你目前的主要人生目标是要给家里买房子、买车，把家庭建设得更舒适，那么你目前的人生目标就是属于第三层次的，你就在第三个层次里点一个点儿。

爱情层次——你们彼此爱对方哪个层次上的人格特质，假如你爱他主要是因为他很顾家，他爱你主要是因为你会料理家务，那么你们的爱情就是属于第三层次的。你就在第三个爱情层次里点一个点儿。

假如你爱他主要是因为他有关爱全人类的慈悲情怀，他爱你主要是因为你很高尚、善良，那么你们的爱情就是属于第六层次的。你就在第六个爱情层次里点一个点儿。

其实你还可以把他爱你的层次和你爱他的层次分开评估。

被爱的层次越高，爱得就越深入、越持久，被爱的层次越低，爱得就越浅薄、越脆弱。

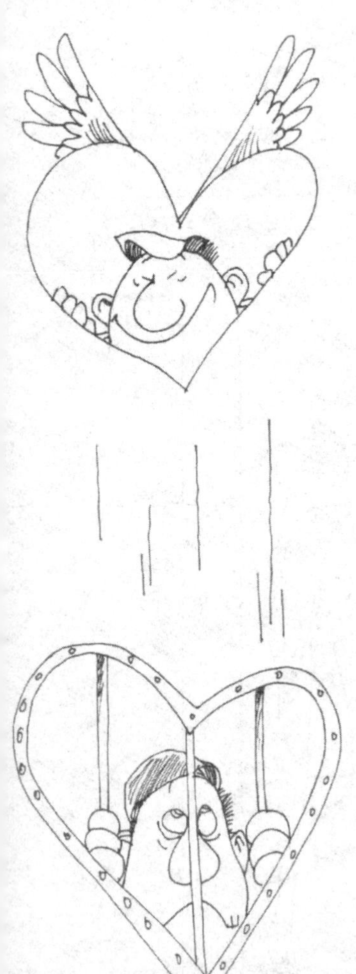

思想层次——你常常关注和思考的是哪个层次上的事情,你的思想就属于哪个层次的。比如,你十分关注和思考的主要是环保的事情，那么你的思想就是属于第六层次的,你就在第六个思想层次里点一个点儿。

假如你十分关注和思考的事情是企业的生存和发展前途,那么你的主要思想就是属于第四层次的,你就在第四个思想层次里点一个点儿。

消费层次——假如你拥有了很多钱，你想把它主要用于哪个层次的投资？假如你投资的主要目的是为造福人类,那么你的金钱层次就是属于第六层次的,你就在第六个金钱层次里点一个点儿。

假如你投资的主要目的是为了小家庭的利益,那么你的金钱层次就是属于第三层次的，你就在第三个金钱层次里点一个点儿。

烦恼层次——经常让你烦恼着的事情是属于哪个层次的?如果你的主要烦恼是你所在的企业发展问题，那么你的烦恼就是属于第四个层次的烦恼，你就可以在第四个烦恼层次里点一个点儿。

快乐层次——你认为现在能让你最最快乐的事情

是什么?如果让你最快乐的事情是家庭美满幸福,那么你的快乐是属于第三层次的,你就在第三个快乐层次里点一个点儿。

如果目前让你最快乐的事情是全世界所有的国家都郑重地承诺永远不再使用任何暴力手段解决分歧问题了,各个国家都尊重人权、尊重生命,绝对服从联合国的裁判,那么你的快乐是属于第六层次的,你就在第六个快乐层次里点一个点儿。

然后你把人生状态评估表中你所划出的点连接起来,这样所形成的曲线就能够显示出你的内在小人格主要集中在哪个层次。一般来说,曲线主要经过的层次,就是小我主要存在的层次。

曲线下面的部分,就代表着你的人生成就。也就是说,曲线下面的面积越大,表明你人生成就越大,曲线下面的面积越小,表明你的人生成就越少。

十五分钟作业:

我还没讲完呢,今天我讲得可能要多一些。为了让大家把我刚才讲过的吃透,现在先来做一些作业:

●请你快速说出人生有几个层次?

●请你快速说出常用的挖掘内在小我的方法有几种？

●请你利用人生状态测评表。看一下你的人生成就面积有多大。

现在我们已经知道如何挖掘自身的小我人格了，我们也已经知道每一个小我的存在其最终目的就是要变成大我，接下来我们学习快速协助小我变成大我的方法。

协助小我成为大我通常使用两种方法：

●比较选择法；

●探索终极需求法。

我先来介绍比较选择法：

我们已经知道，我们的内在既有第六个层次的大我，又有第一层次、第二层次、第三层次、第四层次和第五层次等不同层次的小我。

你需要清楚的是——在我们的内在大我的威信最高，所有的小我都很敬佩大我，只要大我一发话，小我都听他的，小我不但愿意听大我的指挥，而且也都渴望成为大我，即使他不能马上成为大我，他也非常愿意成为比他再高一个或几个层次上的小我，也就是说他非常想提升自己的层次。小我处在较低的层次，就好像处在地狱；小我变成大我以后就好像进到了天堂。

你还要清楚的是——你出现烦恼、困扰情绪的时候，表明你的内在是小我在活跃，大我在沉默。你忘记了或忽略了大我的时候，大我就会闭上眼睛沉默。其实大我时刻都在听从你的召唤，他愿意帮你处理解决一切问题，他也有足够的能力和智慧处理解决一切问题。他不愿意沉默，他愿意让你重视他、把他派上用场。

你还要清楚的是——你过去是一个没有眼光的人，你守着高人，却无视高人。你是傻瓜，遇事你总是让小我出面，却不知小我成事不足，败事有余。小我在不断给你制造麻烦、痛苦和隐患。

当你清楚了这些以后，你就应该意识到最好每时每刻都让大我陪伴你，让他面对处理解决一切一切的问题。有了他的帮助，你的生活、你的事业就一定会越来越顺利。

所谓比较选择法：就是遇到较关键事情的时候，或者遇到不顺心事情的时候，先要两只手同时握一下拳头，然后慢慢松开，并开始想象你的右前方有一个

你——是小我，他情绪易于波动，容易产生冲动……他现在的想法是什么?他想干什么?

然后立即想象你的左前方还有一个你——大我，他沉着、从容不迫，拥有无穷的智慧和方法……他是怎么想的?他认为应该怎样做?

然后你问自己哪一个你的想法、决策和做法对你更有利?哪一个你更有出息、更能成就大事儿?你更希望自己成为哪个你?

然后你的选择一定是想成为左面的大我。因为我们的思想、我们的潜意识在做选择的时候，总是渴望趋利避害，离苦得乐，追求快乐，逃避痛苦。

然后想象右边的小我对你说："我的目的也是让你选择大我，因为我的使命是帮助你快速提高人格层次，其实所有那些不如意的事情，都是上苍有意为你安排的，目的是为了磨练你，激励你快速成长和提高。现在我可以回到大我怀抱了，原来的我已经消失了，因为我的使命已经完成了，谢谢你很快就接纳了我，帮助我实现了回到大我怀抱的愿望。"然后那个小我就和大我重合了。

温馨提示1：

为什么在进入想象之前要先握一下拳头呢？此刻握拳头有发泄不满、稳定情绪、调整思想频道等作用，从而为进入想象创造条件。

温馨提示2：

想象的时候既可以闭上眼睛，也可以不闭。只要能够出现想象的画面就可以。但通常情况下闭眼睛想象得更快、更好。

温馨提示3：

之所以让小我在右边，大我在左边，是因为左手控制的是右脑，右手控制的是左脑，右脑是形象思维，左脑是逻辑思维。这有利于让大我的画面更清晰，也有利于让情绪的小我进入逻辑、理性、平和的状态。

不过每个人的感觉不一样，最重要的是接纳自己的感觉和习惯。

我举个例子，进一步说明比较选择法的应用：

比如，你知道了有人在说你坏话，你非常生气，想立即把那个人臭骂一顿。

于是你立即握了一下拳头，然后开始想象，你的右边出现了那个非常生气，想立刻去把那个人臭骂一顿的小我，他在想那个人可真是小人，我也算是他的一个恩人，我曾经帮过他那么多忙，他不但不懂得回报，竟然还说我的坏话，我一定要讨个说法，给他点儿颜色看看，别以为我是好欺负的。

接着你的左边出现了大我，他很冷静、足智多谋，他已经看透了那个人的确是一个自私自利、信口雌黄的小人。但他清楚回敬他的最好招法就是远离他，倘若去找这种人格低下的小人理论，或责怪他、骂他，都可能会给自己惹来更多的麻烦。他坚信高人从来就不怕小人的谗言，因为高人心灵高度必定会让那些小人难圆其说，无地自容。他很珍惜自己的精力和时间，总是把时间和精力用在非常重要的事情上——也就是有利于达成自己近期目标和远期目标的事情上，他不会轻易扰乱自己的情绪，分散自己的精力去计较、纠缠那些谗言碎语。他每时每刻都在创造着自身更大的价值和辉煌。

那么你觉得哪一个你的想法和表现更有智慧、对你更有利呢?

当然你的选择一定会是大我。然后你就可以想象右边的小我对你说：“我的目的也是让你选择大我，因为我的使命是帮助你快速提高人格层次，其实那个小我是上苍让我扮演的角色，目的也是为了历练你。现在我可以回到大我怀抱了，谢谢你很快就接纳了我，帮助我实现了回到大我怀抱的愿望。”然后那个小我就和大我重合了。

温馨提示4:

告诉你一个秘密——只要你学会了运用“接纳”，学会了运用“比较选择法”，那么什么样的人、什么样的事儿你都可以潇洒、自如地应对了。

这两种方法结合使用，几乎可以有效解决你所遇到的各种各样的困惑和难题。并且它们可以让你永远开心！！！

协助小我成长的第二种方法：探索终极需求法

其实探索终极需求的方法就是唤醒大我的方法。在第二天的时候，我已经告诉你们唤醒大我的方法了。你还记得吗？

所谓唤醒大我的方法或探索终极需求法就是：锁定心里当下活跃着的任何一个小我，然后用以下不断推进的问答方式引导小我一步一步提升愿望和目标层次，与此同时他的人格层次和生命层次也在提升，当提升到一定高度的时候就出现了大我的意识、大我的想法、大我的境界……大我就被唤醒了。

然后想象小我对你说："我的目的也是让你唤醒大我，因为我的使命是帮助你快速提高人格层次，其实我给你制造的所有烦恼和痛苦都是为了提醒你要把大我唤醒，要让大我协助你思考和决策，现在大我终于出现了，我可以回到大我怀抱了，谢谢你终于关注到了我的情绪和困扰，帮我实现了回到大我怀抱的愿望。"然后那个小我就和大我重合了。

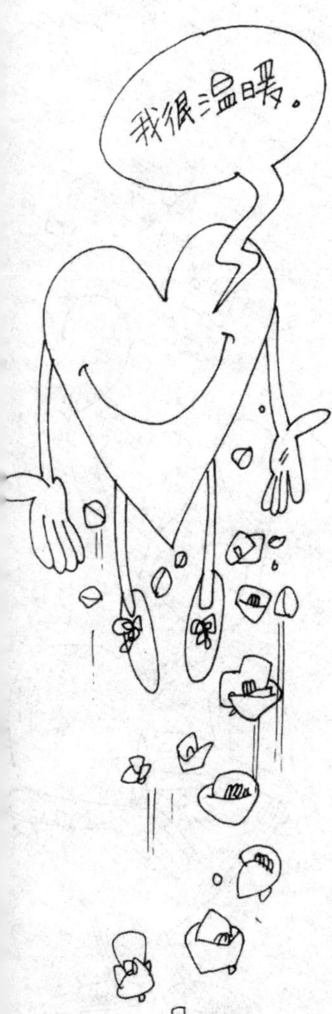

唤醒大我不断推进的问答句式如下：

问：你现在最渴望的是什么？

答：我……

问：假如你刚才的愿望已经实现了，那么接下来你还会有什么样的愿望？

答：我……

问：假如你刚才的愿望得到满足了，那么接下来你还会有什么样的愿望？

答：我……

温馨提示：

如此一问一答不断循环，直到对方进入大我境界。问话中的渴望或愿望也可用渴求、需要、想法等代替！我们的内在有很多较低层次的情绪小我，所有小我存在的目的都是为了回到大我的怀抱，成为大我。如果我们不能帮他们达成这样的目的，他们就会一直停留在我们的内心，给我们制造负面情绪和负面感受。一旦我们关注他们的目的，协助他们回到大我的怀抱，他们就会立刻消失，因为它们的目的已经达到了。

我再举一个例子说明这种方法：

比如我内在的一个小我，总是给我制造不爽的情绪，锁定那种情绪，我知道长久以来我一直在为一件事情耿耿于怀。一个本来我很佩服的人，他竟然攻击我所从事的事业，也轻视我的能力，更令我不爽的是我曾经心爱的女朋友就是听信了他说我的一些坏话，选择离开了我。

这种不爽折磨我好久好久了，每一次这种恶劣情绪干扰我的时候，我只能很无奈地借助诅咒来发泄自己的情绪，甚至渴望彻底从潜意识里把他们都彻底地忘掉，可事实上无法忘记的那一切不断地在折磨我……

现在我就开始要真正接纳那个给我制造不爽的情绪的小我了。我闭上了眼睛，用感觉寻找那个小我在我的身体的那个部分，是的，每一个情绪的小我，他都会在我们的身体的某一个部位制造一些感觉，好让我们关注他们的存在。哦，我感觉到了，他在我的左胸口处。我给他起了一个小名——“不爽”。

我把双手按在了那个部位，我开始与“不爽”做深层次的沟通。

我说：

我知道你很不爽，很遗憾，过去当你向我传达不爽的情绪时，我不但没能协助你摆脱那种情绪困扰，反而也跟你同样陷入那种情绪折磨着自己。

现在我知道了原来你把那种不爽的情绪传达给我的时候是有正面意图和目的的，现在我愿意和你一起共同探索那些目的，共同达成那些目的。

不爽：

好，谢谢你终于明白了我存在的意义。

我说：

不爽，我知道失去了那个女朋友对你打击很大，你很留恋她。

我也知道，你不能接受也不能理解那个攻击你的人自以为是的一些论调，你有很多委屈，说吧，假如我能帮你达成你想要达成的一切目的，那么，你现在最渴望在你们三个人的关系中发生怎样的变化？

不爽：

我渴望我曾经的那位女朋友看透那个自以为是的家伙，后悔离开了我。

我说：

好，一切正像你所希望的那样发生了，那么请问接下来，你还有什么样的渴望？

不爽：

我渴望我的事业很成功，让那个自以为是的家伙大吃一惊，刮目相看。

我说：

好，你的这个愿望可以实现了，接下来你还会有什么愿望？

不爽：

我渴望自己的名气越来越大，各方面的能量也越来越大，并且自己拥有自己的公司，完全按自己的想法设计人生。

我说：

假如这样的愿望也已经实现了，那么接下来，你还会有什么更崇高的志向呢？

不爽：

我想成为第六层次的高人，能够承担关爱全人类责任的人。

我说：

非常好，想象你现在就是一个能够承担起关爱全人类责任的人，很多人都很崇敬你、羡慕你……

那么你好好想一想，当年离开你的那个女朋友，你还会为她的离开感到遗憾吗？

不爽：

不会了，我觉得她幸亏自动离开了我，那真是天意，因为她的确并不适合成为我的终身伴侣。

我说：

那么你认为她出现在你人生路上的意义是什么呢？

不爽：

她丰富了我谈恋爱的经验，也让我经验了和一个比较自私的人相处的感受，她当时对我的态度也激励着我发奋向上。

我说：

那么，你认为那个自以为是的家伙出现在你的生命中有什么意义？

不爽：

说实在的我真的应该感激他，正是因为他对我的态度，和他说过的那些抨击我的话，才不断激励我快速成长、快速超越，可以这样说，我很讨厌他，但正是这个我讨厌的人推动了我飞跃式的成长。

我说：

细心感受一下你现在双手按着的部位是什么感觉？

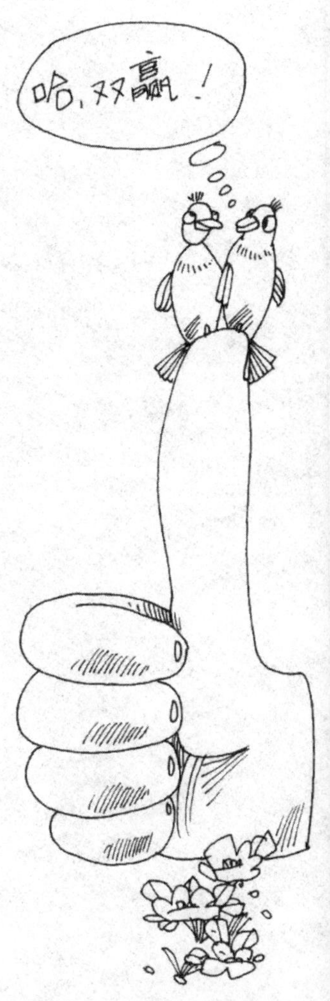

不爽：

很温暖。

我说：

那是因为你已经处在了大我的怀抱中，不爽你已经回到了精神家园，你现在变得很爽了，那个不爽已经消失了。

解除内在每一个小我的过程，就是带领那个小我增强自己的人生欲望，扩大自己的责任范围，突破较低层次的各种人格局限，进入人生最高境界，变成大我的过程。

在这个过程中特别要重视以下4点：

●用推进的问答句式进行。

●要巧妙引导对方突破来自于较低层次的瓶颈。比如他拥有了钱财以后，就什么都不想要了，那么你可以说："日子就这样重复地过着，有一天电视在报道一个蹬三轮车的70多岁老人，资助了10多个贫困生的事迹，你可能产生了一些深层思考，后来你又产生了新的人生想法。请问那个想法会是什么呢？"

●当对方拥有了大我的意识、感觉和智慧的时候，让他去找寻那个令他烦恼的人或事儿存在的正面意图和价值。让他深刻意识到那一切的发生都促动了自己的人格成长，这种成长是非常有价值和意义的。于是才能真正接纳那个发生，真的接纳了那个发生意味着不再因为那个发生而烦恼，即使再看到那个人或回忆起那件事儿的时候，不会有烦恼，只会有动力了。

●建立一个触发器，触发器可以是视觉的，也可以是听觉或触觉的。所谓触发器，就是当你看到或听到或触摸到那个触发器的时候，就促发、调动了脑子里积极正面的想法，而不是消极负面的想法；就表现出了大我的人格，而不是小我的人格。

本周作业

请你在一周内分别用“比较选择法”和“探索终极需求法”带领自己或带领别人的两个小我成长。

梦中情人：如何用接纳方法面对和你想法不同的人

某人的想法跟你的想法不同，并且你觉得对方的想法很偏激，于是你渴望说服他同意你的想法，那么你将如何设计开场白？

以下是两种开始，你认为哪一种说法更精彩、更容易达成目的？

你的想法给了我很大启发，于是我想到了……(提示：接下来亮出自己的想法)

(点评：先认同对方的想法，并且情愿说自己的想法是受到了对方的启发，不管这是真是假，起码让对方感觉自己的想法是有价值的，然后再巧妙让对方认同自己的想法。接纳得很适度、很好。)

我觉得你的想法有些偏激，你这个人太固执了，你为什么会那么想呢？

(点评：这样说的时候，就扮演了责怪者，就不是接纳了。你不接纳对方，对方就不会接纳你，对方不接纳你,就不会接纳你的想法,而你最终的目的就是想让对方放弃他的想法,认同你的想法,因此不接纳,你自己的目的就不能达成。

他犯的第二个禁忌是,处在接纳的环节,不应该用问题开始,可是他问了"你为什么会那么想呢?"在这个环节问这类情绪化的问题,只会引发对方更多的负面情绪,对达成自己的目的没有任何好处,接纳的过程中应该牢记自己的目的,接纳的目的也是为了更顺利地达成自己的目的,或者说双赢的目的。)

五分钟作业

你还记得说服别人常用的那些句子吗?请你立刻说出几种。

(提示:答案在第二天接纳常识部分小九九所讲的内容里。)

接纳感悟

如果你习惯扮演以下角色：

目空一切的命令者

唠唠叨叨的说教者

唯我独尊的责怪责骂者

刚愎自用的建议者……

那么，你就没有接纳，因为那些角色的骨子里都充满着消极抱怨的情绪。别人很可能会把你看成是自以为是的家伙，你以为你读懂了别人的想法，其实你读的不过是自己的情绪。

●接纳要进入对方的频道；

●接纳要觉察对方的感受；

●接纳要体验对方的情绪；

●接纳要清楚对方价值观；

●接纳要透视对方的意图和目的；

●接纳要揣摩对方需要我们如何回应……

接纳要更系统、更全面、更客观、更深入、更谦虚地看问题。接纳的人善于充当责任者，而不是抱怨者！

你不接纳别人，别人就不会接纳你。你要想让别人接纳你，你就要千方百计先接纳别人。

接纳警言

今天我要接纳家里的每一个人，因为他们都跟我有很深的缘分，无论他们怎样表现，我都会冷静地搞清楚他们在家庭系统中各自的作用，然后千方百计地带动整个系统变得更和谐，顺势推动他们每个人生命层次的成长和提高。

今天我要接纳顾客，因为他们是我事业的支持者和推动者，我要借鉴沃尔玛的理念："1.顾客永远是对的。2.如有异议，请参照第一条。"

今天我要接纳遇到的每一个人，因为他们都是因为某种缘分才出现在我的面前，接纳他们就是要真正读懂他们和我的缘分是顺增上缘，还是逆增上缘。遇到顺增上缘，我要感恩；遇到逆增上缘，我要成为向内求的责任者，而决不做向外求的抱怨者。

今天我要接纳自己的身体，适当饮食，适当放松和锻炼，滋养它、不糟蹋它，如果不舒适，我就要关爱和重视它。我要长寿，从而承担更多、更伟大的责任和使命。　　今天我要接纳自己的负面情绪，因为所有的情绪都是内在一个小我引发的，小我需要我关注他、接纳他、把他送到大我怀抱，一旦他回到了大我怀抱，我的内在就会变得舒适和愉快，那正是小我回到了大我的怀抱之后，他们共同奖赏给我的好心情。

今天我要接纳天气——

如果是晴朗天，我要让心情也一样变得晴朗；

如果是阴雨天，我要想象自己的心里也正经历着一次洗礼；

如果是刮风天，我要想象老天是在锤炼我的意志力，因此我要变得更加坚强；

如果是热天，我会让自己的理想也变得特别热烈；

如果是冷天，我会力争与更多人分享接纳的智慧和方法，让接纳温暖他们的心。

我喜欢四季的变化，也适应了天气的变化，伴随着这些变化，我的思想和决策变得越来越有弹性了、越来越成熟了。

今天我要接纳不顺利的事情，我会把它当成今天的功课，我一定要从中找到对我有益的要素，于是那些事情就变成了我成长和进步的阶梯。

今天我要接纳每一个小时，合理安排每时每刻，因为他们将记录着我生命的过程和精彩。

第四天

听着、感受着大家给予我们的非常热烈的掌声，我们很激动，有你们的热情支持，我们一定会更加努力。今天我们先要带领大家搞清楚——接纳并不等于赞同，然后继续分享我们感受接纳的故事。

接纳常识：接纳≠赞同

大亨：接纳不等于赞同

接纳并不等于赞同！！！！！！！！！！！！！！

你接纳对方的目的，并不等于赞同对方的目的；

你接纳对方的情绪，并不等于赞同对方的情绪；

你接纳对方的价值观，并不等于赞同对方的价值观……

接纳只是强调要关注、考虑对方的目的、情绪、价值观、人格层次和当下需求……从而更深入地了解对方，并照应到系统和全局的状况，以便更有力地引导对方达成双赢的目的。

换句话说，接纳的目的是为了弹性处理问题，巧妙、迂回达成双赢的目的。

大小姐：接纳不是无原则满足对方的要求

接纳并不是让你无原则地去满足对方的要求，而是倾听对方的要求，并透过那些要求把对方内心世界看得更清楚、更明白，同时千方百计地去寻找你和对方目的、利益的契合点，并以此为支点，达成大家都赢的目的。

梦中情人：接纳不是无原则放弃自己的目的

接纳并不是让你无原则地放弃自己的目的、想法、观点、决策……而是让你觉察到、看到、听到、感觉到、接收到、悟到更多方面、更多维度的信息，从而避免主观偏见、避免情绪和冲动，选择最佳、最好、最棒的方法，更有利于达成你的目的。

接纳不是无原则地顺从对方、委屈自己，而是要更大视野、更大系统地确定好自己回应对方的最佳方位、最佳手段、最佳态度、最佳策略、最佳角色……

开心果：接纳不等于纵容

接纳并不是单纯地安慰和纵容，家长接纳孩子的目的应该是为了让孩子“V”(发啦),恢复积极正面的情绪和想法,然后推动他成长、进步和提高。

小九九:接纳不等于认同

的确,我们有时会遇到一些蛮横无理、不通人情、不可理喻、十分可恶的人……如果我们是善于接纳的人,那么这种人的恶言、恶语、恶行的唯一意义就是——让我们能够看穿他的本质,接纳他并不是要屈服他、向他妥协,而是不与他们进行无意义的争辩、冲撞、对立……接纳之后可以选择——去放牛,或用牛,或不理睬牛,但决不做对牛弹琴的无用功。

记住,不管对方多么坏,多么不讲理,你若能够接纳对方,你就能够有希望真正战胜对方;你若不能接纳对方,事态的发展只能对你越来越不利,你的麻烦将会越来越大,你的处境将会越来越难,你离自己的真正目标将会越来越远。

我们与你分享接纳的故事

大小姐：7 岁的袁媛用"接纳"挽救了父母性命

刚才我和女儿通电话，她告诉我他们学校名叫袁媛的女孩当选为"中国骄傲"。"中国骄傲"是由公安部和中央电视台联手推选的，其他当选为"中国骄傲"的团体和个人，还有福建建瓯消防大队、厦门消防支队，胡茂东、郑忠华、郑飞、管志彦、叶晓辉、陈灿和营救他的乡亲们。

7 岁的袁媛之所以当选为"中国骄傲"，是因为她在父母煤气中毒生命危机的时刻，以其令人钦佩的机智和勇敢把爸爸妈妈从死亡线上拉了回来。

事情是这样的，那一天袁媛像平时一样在写作业，袁媛的妈妈搀扶着丈夫走进了洗手间，打开热水器烧水为丈夫换药。袁媛写完作业出来找妈妈，连喊几声都没有应答，当她发现洗手间里父母因煤气中毒双双昏倒在地时，立即先关上液化气罐阀门，然后打开门窗，并拿起爸爸的手机跑到外面拨打 110、120 准确报告了地址。

由于抢救及时，袁媛的爸爸、妈妈被从死亡线上拉了回来。

试想，如果当时袁媛发现洗手间里父母双双昏倒在地，立即大惊失色、嚎啕大哭、不知所措……那么后果就不堪设想。

然而，袁媛在那一刻的表现的确太棒了，她没有陷入消极负面的慌乱情绪，而是接纳了当时的发生和现状，准确判断出了父母昏倒的原因，十分清楚抢救父母的关键步骤和最好方法，也有自我保护意识，临危不惧、不慌不乱，想了、做了自己在那一刻最应该想、最应该做的事情，并且还选用了最佳最好最棒的方法去做。

可以这样说袁媛的接纳能力很强，在全过程的每一个细节中，袁媛接纳得都很出色、很到位。

无论做什么事情，接纳就会顺利，不接纳就会受挫；接纳就会拥有理性和智慧，不接纳就会出现消极负面的情绪；接纳就能够锁定目的，不接纳就容易丢失目的……

正因为袁媛接纳了一切，所以她才能表现得非常机智、勇敢、理性、出色。

现在我越来越能够感受到——接纳的确渗透在生活的一切细节中。

梦中情人:沃尔玛的接纳理念

很多人都知道沃尔玛是全球最大、效益最好的超市,现在我国很多城市都有它的分店,甚至一个城市有几家分店。

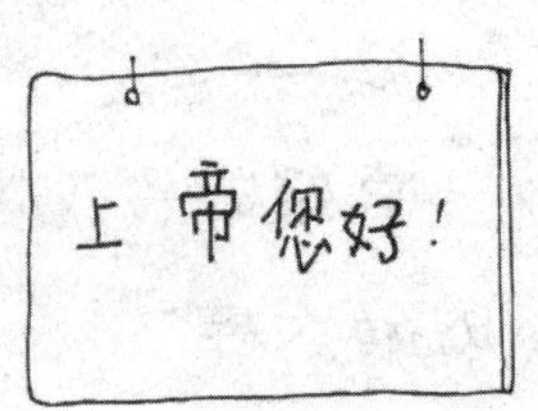

沃尔玛的成功与辉煌就在于它懂得接纳顾客。

沃尔玛的顾客服务原则:

●顾客永远是对的;

●如有异义,请参照第一条。

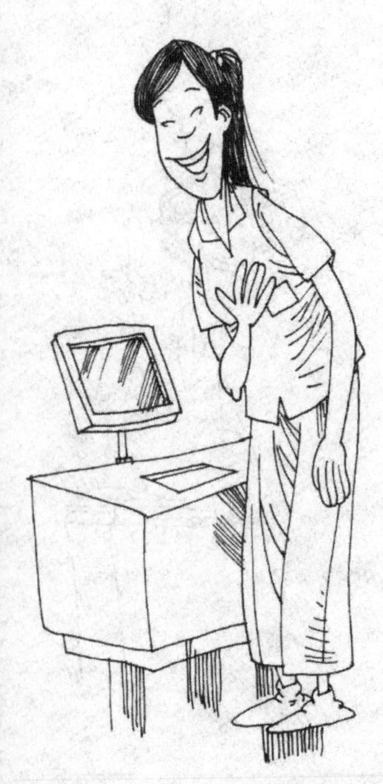

顾客永远是对的——深层解读这句话意思就是尽量理解顾客的感受、情绪、需求、道德程度、性格特征,同时意识到他的各种想法和表现不管是对是错,是合理还是不合理都非常符合他的特质,于是把注意力不是放在与他争论上,而是放在接纳他的情绪和表现,千方百计寻找也能让他接纳的解决问题的方案。

换句话说,没必要争论他对不对,意识到他就是那样的人,我们的目的不是当下就改变他,而是理解他,目的是为了让他也能理解我们，从而大事化小、小事化了。

我也是沃尔玛的常客，我深深体验过沃尔玛的这个服务原则给顾客带来的温暖。有一次我买了一个电源插排，回家打开包装准备使用，刹那间非常遗憾，遗憾的是插排的连线不够长，我原来以为连线 4 米长就够了，没想到实际需要 6 米长。于是我又立刻返回超市，要求换 6 米长的插排。

服务员很热情地接待了我，当我把情况说明了以后，他很友善地对我说："我很理解你的焦虑，我尽量帮你想办法。你已经把包装拆开了，按供应商规定拆开包装的插排，如果没有质量问题，超市也不能退货了。但是对你来说，买一个用不上的插排也是一种浪费，毕竟这种插排 60 多元钱呢。"

于是他给供应商的办事处打电话，说明了情况，希望厂家能够理解顾客和超市的难处，由厂家直接给顾客换货。结果厂家同意了，我非常高兴，也非常感谢超市服务员所做的有智慧的努力。就这样我非常信赖沃尔玛，我成了他永远的顾客。

试想，假如在这种情况下，超市服务员不接纳顾客的情绪、感受和想法，反复强调包装已经被打开了，没有任何办法了，根本不可能换货……可能我当时就会产生怨气、后悔等消极负面的情绪，那么这种情绪肯定不利于超市与顾客关系的维护。

说实在的，沃尔玛的顾客服务原则，真应该成为所有服务行业接纳顾客的原则，也应该成为我们每个人为人处世的态度。

1.顾客永远是对的。

2.如有异议，请参照第一条。

多么深邃、生动的接纳语言呀！！！

五分钟作业：

一个人去美发店剪头发，她对怎么剪、达成什么样的效果，提出了自己的想法和要求，可是理发师认为顾客要的那种发型不好看。看来两个人的审美观不一样。你认为理发师究竟应该用什么样的态度和做法服务顾客？以下是两种态度和做法。你赞同哪一种？

第一种态度和做法：

认为顾客没有眼光，坚持按着自己的想法给她剪头发。

第二种态度和做法：

深入和顾客沟通，了解她选择那种发型更深的感受和意义，在尊重顾客的要求的前提下，透过对一些细节的把握，争取达成更理想的效果。

点评：

第一种态度和做法太自以为是了，万一剪出来的效果顾客不满意，下次她就不会再找你了，坚信每个人的审美观不同，重要的是对方的感觉，而不是自己的感觉。

第二种态度和做法才是接纳的态度和做法，如此剪出来的发型符合顾客的感受和想法，顾客自然会认可、满意的。

开心果：当老师和家长都冤枉我的时候

昨天数学老师冤枉了我，所以我也产生了一些消极负面的情绪，回到家里，我不由自主地跟爸妈说：“我特别讨厌数学老师。”结果我的爸爸妈妈分别是这样回应我的：

爸爸：

“讨厌老师，可没有什么好下场！ ”

听了爸爸的回应以后，我当时的感受是：

我感觉自己不被接纳，其实我那不过是一句发泄自己难受情绪的话，我对那个老师印象再不好，也不会让那个老师觉察到的，我有这样的肚量和智慧。爸爸根本不理解我的深层感受，竟然又在恐吓和说教，他的话只会让我感觉更心烦、更“∧”(趴啦)。

妈妈：

你怎么可以讨厌老师呢，是不是你又犯错误被老师批评了？

听了妈妈的回应以后，我当时的感受是：

我懒得回答她的问题，老师冤枉了我，现在妈妈也在冤枉我。有时跟爸爸妈妈讲话真像是对牛弹琴，以后有什么不爽的事情，自己扛着就是了，没必要跟他们说，跟他们说只会变得更烦恼。本来是想跟爸爸妈妈说一说事情的经过的，现在真的什么都不想跟他们说了。他们不能接纳和理解我，我跟他们说什么都多余。

假如我是爸爸妈妈，我会对孩子这样说：

噢，我能理解你现在的感受。在人的一生中会碰到很多让我们不开心的人。

我知道你的内在又有两个你在较量着，一个是情绪的你，他在生气、烦恼着；一个是志向远大、理性、智慧的你，他心胸开阔有很多高招和那些他不喜欢的人相处，因为他清楚如果对方真的不好，那么自己的未来就会比对方更有出息、成就更大，和不如自己的人相处就没必要挑剔他们，而应该可怜他们。于是你的气质和品德有一天也许会打动和征服那些曾经对他不够好的小人们。孩子，我会为你骄傲的!

自我点评：

先用了接纳语言，然后用了“比较选择法”启发、带动孩子突破瓶颈，通过提升自身品德和素质和那位数学老师巧妙地、智慧地、平和地相处。

考考你：

假如一个孩子说：“我今天不想写作业了。”那么做父母的应该如何接纳孩子当下的情绪状态?

下面是三个家长回应的方式，请你从中找出哪一个是正确的接纳方法。你通常使用的回应方法接近于哪一个?

甲:

我看你是欠揍! 你要是敢不写作业，以后就别想有好日子过!

(点评:这个家长扮演了威胁者，没有接纳孩子。当孩子听到了家长的威胁语言后，只能会变得更"∧"(趴啦)。一个"∧"(趴啦)着的孩子，情绪更消极，他就更没有热情和动力去写作业了。)

乙:

不写作业可不行，不想写作业就是走下坡路的开始，你有这样的念头太危险了。不写作业的孩子，就是坏孩子。

(点评:这个家长扮演了说教者，没有接纳孩子。当孩子听到了家长的说教语言后，心里就会产生抗拒、逆反，于是也会变得更"∧"(趴啦)。很难打起精神、产生动力去写作业了。)

丙：

我明白你现在的感受，要是今天没留作业就好了。可是今天的作业还挺多的，我知道你的内在又有两个你在较量着，一个是情绪的你，他想逃避写作业；一个是意志坚强、乐观、智慧的你，他也许会想出把写作业变成一种游戏的方法，然后充满热情和快乐地去完成。我为你内在的智慧和意志力骄傲。

(提示：画线的部分是接纳的语言，后面选择了比较选择法进行引导。接纳之后，孩子就会有一种被理解的感受，心里正面的情绪就会上升，再透过比较选择法的提示，孩子就会找到方向和方法，当一个人心里正面的想法和感受增加的时候，热情和力量就在同时增加着，于是就有克服困难的勇气、信心和动力了。)

你选择对了吗?

作业

请你把下面这封信和3个以上的家长分享。

尊敬的家长朋友：

接纳的核心、焦点、目的就是——“理解”这两个字!

如果一个父母面对孩子总是扮演主观唠唠叨叨

的说教者、主观自以为是的建议者、主观责怪责骂者、主观命令者、威胁者、惩罚者、武力者、散发消极负面情绪者、对孩子放任自流者……那么这个孩子就不会感受到你对他的爱,尽管你在扮演这些角色的同时,为他在别的方面付出了很多,比如为他千辛万苦地赚钱,为他含辛茹苦地做饭、洗衣,为他牺牲了自己的一些自由、爱好和追求……他也不会感恩你的,相反他会讨厌你、痛恨你、抗拒你,不想跟你说话,甚至渴望尽快离开你……

很多家长为此不能理解,以为自己人生的一切好像都是为了孩子,可是他为什么会不领情呢?他为什么会这么不懂事呢?他为什么这么自私呢?为什么这么不争气呢?

殊不知,孩子认为最大的爱——就是对自己的理解!!!!!!是的,人与人之间没有理解就没有爱。理解能让两个人形成统一场,处在统一场上的个体,才能够感受到场的整体性和温暖,而这种整体性和温暖的感觉,就是爱的感觉。换句话说,爱的感觉是从彼此营造的统一场中获得的,因为人在统一场中可以增加自身的心理能量,能量增加就感觉被爱,能量下降就感觉不被爱。如果一个孩子不能被父母理解,父母和孩子就等于处在不同的频道和不同的场中,于是彼此就会有格格不入的感觉,引发彼此的排斥,于是彼此心理能量都会下降,于是就会感觉对方不爱自己。

理解给人带来的爱的感觉，往往要比血缘关系给人带来的爱的感觉还更大、更强烈。没有理解，就没有爱！！！

接纳的核心、焦点、目的就是——“理解”这两个字！

孩子认为最大的爱——就是对自己的理解！！

人与人之间没有理解就没有真正的爱。

能量上升，就会感觉被爱；能量下降，就会感觉不被爱。

孩子们最最需要的就是被父母理解，而很多父母，只会满足孩子物质上的需要，却不懂满足孩子精神上的需要。

一个不被理解的孩子，心里就会空虚！！！

祝各位家长朋友生活顺意！

心灵成长工作室全体员工敬上

2006年3月

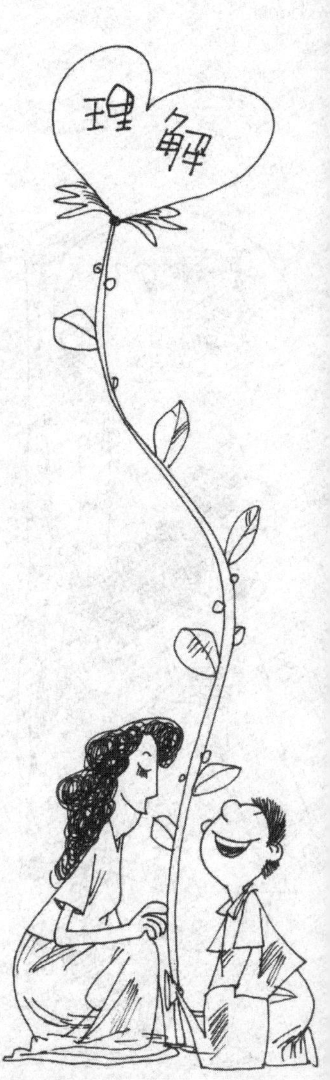

大亨：被老婆怀疑有外遇时，如何接纳

最近有个到我们公司联系业务的小姐，“攻势太猛了”，我不知不觉就进入了忘乎所以的状态，于是我太太有所觉察，就对我说：“如果你真的爱上了别人，我决不纠缠你，不过你要明白只要你有别的女人爱，我就一定会有别的男人爱。”

其实我跟我太太的感情挺深的，这辈子根本不可能离婚。这要是没学接纳以前，我可能就会选择以下回应方式：

“挑衅是不是？你要敢跟别的男人鬼混，我就灭了你。”

(自我点评：这不是接纳，而是威胁和恐吓。这时威胁和恐吓只能让妻子感觉你更坏！并且容易使两个人之间的裂痕越来越大。)

因为我已经是一个善于接纳的大丈夫了，所以我实际采用的回应是这样的：

“这我相信，因为你比我有魅力，也正是因为你的魅力在我的心里是永远不会衰竭的，所以我才不可能放弃你，不可能让别的男人有机会爱你……老婆，你知道吗，你在我心目中的地位是别人永远都不可能取代的。今生今世你是我唯一的老婆，这是谁都无法改变的……”

我太太听我这么说以后，消气了，我知道我的话让她恢复了自信，让她心里变得踏实了，也让她产生了守住这个婚姻的耐心和智慧。其实我这样做，也会赢得太太对我的更多宽容。哈哈哈！ ！ ！

小九九：发自内心的微笑

接纳达到一定境界就会呈现发自内心的微笑：

●发自内心的微笑，不是刻意装出来的，而是内在智慧、慈悲、舒适、喜悦、激情的流露。

●发自内心的微笑，表明正在接纳着一切的一切，也意味着内在活跃着的是较高层次的人格。

●发自内心的微笑，不是生硬训练出来的，而是心灵成长后的自然绽放。

●发自内心的微笑，能够传达智慧和力量，因而能够给予别人能量，是送人的最好礼物，既不用花钱，且人人需要。

●发自内心的微笑，能够引发良性荷尔蒙，有利于留住青春、呵护健康。

●发自内心的微笑，能产生亲和力的感召力，可以融化坚冰、降服龌龊，因而是最有魅力的微笑。

很庆幸我已经拥有了这种微笑，现在常常会有人对我说：“你的笑容很灿烂，感觉起来很舒服，你是怎么练出来的?”

我通常会这样回答他们：要想拥有这种发自内心的微笑，必须要很认真地做两件事：

1.首先要接纳内心深处的大我，把他唤醒。

2. 然后接纳内在的一些影响力比较大的小我，带领他们成长、提升，回到大我的怀抱。

这两件事具体怎么进行，我已经在前两次的课程中介绍得很清楚了。唯有认真去做这两件事情，内在抗拒笑的小我才纷纷退场，于是所有堵塞笑的管道都被疏通了，内在就会出现和谐、祥和的感觉，于是那种发自内心的笑就会荡漾在每一个细胞里，就会自然而然地呈现在脸上。

先做那两件事是拥有那种笑的唯一捷径，也是唯一方向。因为那种笑是高层次的自己在微笑，低层次的小我永远不会显现那种笑。那种微笑，是全然接纳的微笑，你的人格层次越高，你的接纳水平就越高；你的接纳水平越高，你的笑容散发的能量就越大。

有些单位要求员工用微笑迎接顾客，可是他们训练微笑的做法却停留在表面形式上，比如要求微笑的时候嘴要张多大，必须露出几个牙齿等等，我看是纯属乱来，按这种训练方式训练出的笑，一定给人的感觉是皮笑肉不笑、假笑、僵硬不舒服。看了这种笑，引发的很可能是不愉快、不信任、不舒服的情绪，结果笑与愿违。

一旦你内在的小我都回到了大我怀抱，大我的思想和感受已经成为了你主要思想和感受的时候，你的笑就会如此自然而然流露出来，于是就会：

●看着美丽的自然环境你想笑，因为你能够感觉到大自然赐给你的能量，你感恩、惊叹造化的神奇；

●看着富丽的大楼、美丽的街道、宜人的公园等很人文的建筑和公共设施你想笑，因为你在享用着无数人的辛勤付出；

●吃着各种水果你想笑，你不用种植它们，就能享受它们；

●看着电视你想笑，有那么多的人在为你的精神生活 24 个小时不停地忙碌着；

●看着行行业业的人你想笑，正是因为有着不同的志趣，有着不同的分工，才使这个社会中的每个人都互相关联着、共同进化着；

●想着工作你想笑，因为你感觉自己也很重要，社会的分工协作需要你所做的一切；

●看着任何一个小孩你都想笑，因为你能嗅出那

来自纯真心灵的芳香；

●看着顾客你想笑，因为天下那么多人，你们有缘见面了，也有缘互相帮助。

●甚至面对挑战你的异己你也想笑，因为正是他磨练了你，激励了你。

●生活的每一天、每一刻你都想笑，因为你能在每一天的所有经历、所有细节中找寻到意义和价值，你知道，无论经历了什么，只要能在那个经历中找出对自己心灵成长有益的要素，就会真正接纳所经历的，然后那个经历就会变成一种美好的感觉储存在潜意识里、表现在你的笑容里。

发自内心的微笑，就是最高尚的接纳——

面对自卑的人，这种笑会让他拥有自信；

面对冷漠的人，这种笑会让他激发热情；

面对忧愁的人，这种笑会让他增加智慧；

面对迷惘的人，这种笑会让他锁定目标；

面对慵懒的人，这种笑会让他产生动力；

面对孤独的人，这种笑会让他心里温暖；

面对抑郁的人，这种笑会让他滋生喜悦；

面对生病的人，这种笑会让他增强抵抗力；

面对自以为是的人，这种笑会让他自惭形秽；

面对坏人，这种笑会让他提心吊胆；

面对好人，这种笑会让他再接再厉。

给予生活，这种笑生活会变得更有滋味；

给予时间，这种笑时间会欢快地为你唱歌；

给予命运，这种笑命运会奖赏你顺意、幸福；

给予身体，这种笑身体会不断供给你良性荷尔蒙；

给予大地，这种笑大地会成为你温暖的怀抱；

给予天空，这种笑天空中的太阳、月亮和星星们会永远陪伴在你身旁；

给予宇宙，这种笑宇宙意识和光芒会充满你的心灵和每一个细胞。

给予万事万物，这种笑万事万物都会为你而骄傲。

给予一切的一切，这种笑一切的一切都为你而自豪。

这种笑——有震慑力，也有感召力；

这种笑——有摧毁力，也有建设力；

这种笑——有征服力，也有亲和力。

如果你是领导，你的部下一定需要你这种笑；

如果你是父亲或母亲，你的孩子一定需要你这种笑；

如果你是老师，你的学生们一定需要你这种笑；

如果你是孩子，你的父母和兄弟姐妹一定需要你这种笑；

如果你是推销员，你的客户一定需要你这种笑；

如果你是服务员，你的顾客一定需要你这种笑；

如果你是监狱的看守，服刑者一定需要你这种笑；

如果你是医生，患者们一定需要你这种笑；

如果你是播音员，观众们一定需要你这种笑；

如果你和一个或几个人在同一个办公室里，同事们一定需要你这种笑；

如果你和朋友在一起，朋友一定需要你这种笑；

如果你和恋人或丈夫或妻子在一起，对方一定需要你这种笑；

如果你是一个行人，擦身而过的人一定需要你这种笑。

笑吧朋友，我已经享受到了这种笑的无尽美好；

笑吧朋友，这种笑就是慈悲、就是善良、就是助人、就是智慧；

笑吧朋友，如果每个人都能献出这种笑，那么我们这个地球就变成了天堂！！！

接纳感悟

假如我们能够每时每刻都充满接纳意识，那么我们的内心、骨子里、全身的每一个细胞里同时就会充溢着喜悦、感动、幸福、快乐、慈善……于是我们就能够理解、同情、同理、体恤、接纳各种各样的人和各种各样的发生，并会不由自主地滋生积极、正面、崇高的想法和情绪。

一个人，若能够接纳挫折和磨难了，那么他遇到的挫折和磨难就会越来越少；如果不能够接纳挫折和磨难，那么他遇到的挫折和烦恼就会越来越多。因为挫折和磨难被接纳了以后，坏事儿就变成了好事儿，挫折和磨难就变成了对我们有益的经历了，于是它带给我们的感受就不是痛苦和烦恼了，而是智慧和力量。

如果你的内在产生了烦恼、痛苦等消极负面的情绪，那一定是因为你没有接纳造成的。当你可以接纳各种各样的人和事儿的时候，你就可以彻底摆脱烦恼了。接纳可以让我们的脑子里充满智慧和方法，所以接纳就不会烦恼。不接纳是因为思想有偏见、有局限、有盲点……因而就会滋生消极负面的情绪。

接纳警言

如果你烦恼，那是因为有些事情、有些人你没有接纳。的确你所面对的发生让人心里不爽，但只要你能运用接纳，你会发现原来那些事儿、那些人完全可以服从于你的智慧，你能回避他们，也能转化他们，还能利用他们……

如果你仇恨，那是因为有些挑战、有些磨难你没有接纳。的确经受挑战和磨难很不容易，但只要你能接纳，你的智慧就会飞速增长。智慧越来越多，磨难就会越来越少。

如果你自卑，那是因为你的一些潜能和特质你没有接纳。人不但有很多身体的潜能被埋没着，也有神奇的精神潜能被忽视着，只要接纳，任何人所拥有的潜能都足以让他成为天才和圣人。

如果你绝望，那是因为有些机会、有些因缘你没有接纳。机会存在于每个当下，因缘藏匿在一切发生中，只要接纳就能读懂因缘，捉住机会。

如果你嫉妒，那是因为有些因果你没有接纳。因果常常很难琢磨，唯有接纳才能种好因，得好果。

如果你后悔，那是因为未来你没有接纳。的确未来的事情很难预测，但只要接纳，曾经失去的未来都会给你补偿。

如果你抑郁，那是因为有些经历、有些缘分你没有接纳。的确抑郁有生理原因，但只要你能时刻运用接纳，那么引发抑郁的荷尔蒙就没有机会生成，脑子里、身躯里便都成了滋生良性荷尔蒙的温床……

接纳吧，接纳是摆脱一切烦恼的唯一出路；
接纳吧，接纳可以彻底清除心理垃圾；
接纳吧，接纳才能逢凶化吉，离苦得乐；
接纳吧，接纳才能看破、放下、自在；
接纳吧，接纳才能快活如神仙……

第五天

我们已经听说了，你们中的很多人，近两天运用接纳解决了很多问题，祝贺你们！接下来我们分别说一说——如何才能快速提升觉察和接纳的水平，然后继续讲接纳的故事。

接纳常识：

如何才能快速提升觉察和接纳的水平？

大亨：生命分为六个层次，不同层次的人所拥有的人生目标和责任都有所不同，接纳的水平也有所不同。

一个人的目标和责任心越大，胸怀就越大；

一个人的胸怀越大，所能够接纳的世界就越大；

一个人所能够接纳的世界越大，他的精神之身就越大；

一个人的精神之身越大，他就越可能进入天地人合一的状态。

第一个生命层次的人，他们没有人生目标，也没有任何责任心，因而他们毫无接纳能力，甚至连自己都不能接纳自己。

第二个生命层次的人，他们非常自私，只考虑自己的利益，因而他们只懂得在物质、生理层次上接纳自己。他们所能够接纳的世界就像自己的身躯那么大。

第三个生命层次的人，他们的人生目的和所愿意承担的责任是——搞好小家庭，所以他们只接纳对满足小家庭的生活有益的事情。他们能够接纳的世界，就像他们的小家庭那么大。

第四个生命层次的人，他们的人生目的和愿意承担的责任是——为所在的集体谋利益。他们能够接纳的世界就像他所在的集体那么大。

第五个生命层次的人，他们的人生目的和所愿意承担的责任是——尽忠尽孝于国家。他们能够接纳的世界，就像他的国家那么大。

第六个生命层次的人，他们的人生目的和所愿意承担的责任是——关爱全人类和整个大千世界，所以他们所能够接纳的世界就是整个宇宙那么大。

大小姐：把小我转化为大我

你没接纳别人时，实际上是你没接纳自己内在的一个小我。

我这句话的意思就是说，你不接纳别人的时候，是你自己内在的一个小我在作怪，因为你没有关注他、接纳他,他就不让你接纳别人,并且给你制造麻烦。你一旦能够重视他、接纳他了,他就会让你接纳别人了。

要想快速提高接纳能力，就要及时把内在小我转化成大我。

梦中情人:要想快速提升觉察和接纳的能力,就要快速提升自己的生命层次和人格层次。

如果你觉得某人的接纳能力比你强，那么一定是因为他的生命层次和人格层次比你高。

训练接纳的能力，除了要掌握一些原则和技巧以外,还要脚踏实地地沿着生命层次一步一步地往上攀!

生命层次与权力地位无关。比如,有一位 70 多岁的离休老人,每天辛苦蹬三轮车赚钱的目的,是为了资助一些贫困学生读书。这位老人家就是已经到达了最高层次的高人。像这样的高人,都有了很强的接纳能力。

小九九：要想快速提升觉察能力和接纳能力，就要唤醒内在的大我，并且把内在消极负面的情绪小我都带到大我的怀抱。

我在第二天已经和你们分享了“唤醒内在大我的方法”。

我在第三天也和你们分享了“带领内在小我成长的方法”。

值得注意的是，把大我唤醒以后，你要尽量时时刻刻想着他，处理解决问题的时候多征求他的意见。如果你把他唤醒了以后，总是忽视他、冷淡他，那么他就可能又进入了沉睡状态。

只要你时刻让大我陪伴着你，并且把发现的内在小我都带到大我的怀抱，那么你的觉察能力和接纳能力就会得到快速提升。

开心果：为了快速提升自己的人格层次和接纳层次，就要经常问自己以下5个问题：

1.是情绪的小我在表演，还是智慧的大我在表演？

2.如果是大我面对这个事儿，会怎么想？怎么做？

3.我的目的是什么？我此时此刻的想法和做法对达成目的究竟是利是弊？

4.这件事情的发生究竟是想让我领悟怎样的因果奥秘？

5.经历这件事情，我应该从哪个方面获得提高？

经常问这5个问题，就可以随时随地接纳一切，并用大智慧处理好一切事物。

为了方便记忆，你也可以自己设计5种手势来代表这5个问题。

我们与你分享接纳的故事

梦中情人：接纳曾经被自己伤害过的人

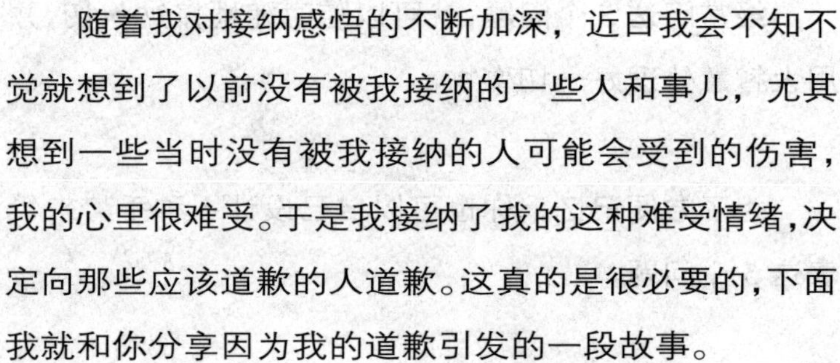

随着我对接纳感悟的不断加深，近日我会不知不觉就想到了以前没有被我接纳的一些人和事儿，尤其想到一些当时没有被我接纳的人可能会受到的伤害，我的心里很难受。于是我接纳了我的这种难受情绪，决定向那些应该道歉的人道歉。这真的是很必要的，下面我就和你分享因为我的道歉引发的一段故事。

事情经过是这样的，前不久我给过去的一位没有被我接纳的同事写了一封道歉信，信的大意如下：

赵明老师：

您好！

也许您想不到我会给您写信，而且是一封向您道歉的信。过去我是一个以自我为中心的人，因为我那时候的狭隘、肤浅和自私，可能伤害过很多人，包括您。如今我学会了接纳，我真的为以前没有接纳的一幕幕感到羞愧。

赵老师，其实我一直没有忘记您帮助我的一些事儿，比如我发高烧的时候，您替我完成了本该属于我的工作；我的客户来了，我不在的时候，您热情地帮我接待他们等等。每次想起这些都会让我觉得您真是个大好人。可是竟然后来我们开始谁也不理谁了。

过去，我一直扮演了抱怨者，认为是您先不理我的，所以我就不理您。甚至我不知道您为什么会突然不理我了。我清楚地记得，那是早晨刚上班的时候，办公室里只有您，我进门之后跟您打招呼，您没理我。当时我在心里想："啥意思呀?我也没得罪你?你不理我，我也不理你。"就这样，我坚持着不理您……现在我才越来越意识到，您当时不理我，一定是有原因的，一定是我做错了什么惹您生气了，或者是因为误会，我当时应该问问原因，主动与您沟通才对，遗憾我过去一直选择的是消极对抗情绪，我的表现一定让您伤心了，真的对不起！！！

告诉您一个好消息，我现在学会了接纳，我比过去成熟、懂事了很多。今天的我，还记着昨天的往事，表明我对您还是非常尊重和在意的。写这封信向您表达歉意，是渴望解除您心里因我而引起的一些不愉快，渴望与您保持友谊和交往，渴望我能有机会帮助您做点儿什么，渴望借助这封信祝福您开心、如意！

赵老师，不管您如何看待我，也不管您将如何对待我，我都会永远尊重您、敬佩您和祝福您的！

我把这封信，寄给了赵老师，没想到赵老师看完了这封信就立即给我电话要请我吃饭。

我说："我也正渴望请您吃饭呢，能见面聊一聊太好了，但一定是要我请您，就这么定了，晚上六点钟漓江饭店见！"

赵老师说："你是变了，好，那就听你的！"

就这样，当年的误会解除了，我们又成了好朋友。随之我才慢慢感受到，真的不要小看任何一件曾经没被我们接纳的事情，因为它们在我们的脑子里、心里、潜意识里都主管着相当一部分感受，并且那种感受有着相当大的影响，影响着我们的人格成长、影响着我们的心态、影响着我们的感受和情绪、也影响着我们的过去、现在和未来的状态。

和赵老师和好了以后，我的心立即爽了很多很多。赵老师也反复对我说："你突然所做的这一切，真的让我很感动。我们之间发生的误会和所有的不愉快，其实在我的心里也形成了一些不爽的心结，现在那些心结解开了，我的心情会因此变得非常非常爽，这种好的心情对我的健康也是有好处的，所以真的非常感谢你。”

看来我是否能够接纳被我曾经伤害过的人，是关系到对方心情、身体健康，乃至更多方面的大事，接纳了以后我也变得很轻松、很爽，甚至我对自己也高看了，因为我的自我价值感提升了。

希望我的分享，能给你带来一些启发，让我们共同创造和谐的人际关系、和谐社会、和谐大千世界。

开心果：老师应该如何接纳上课睡觉的学生

今天我们班又有新闻了。在上数学课的时候，有个同学睡觉，于是课堂上出现了这样的状况：

老师说：

这是课堂，不是睡觉的地方，要睡回家睡去！

动态情况介绍：

不知那个同学是否听到了老师这句话，反正他当时没有任何反应。

过了一会儿，老师又接着说：

别尿床了，撒泡尿再睡!

动态情况介绍：

这句话惹得同学们哈哈大笑，可是那位同学还是没有任何反应。有同学想要叫醒他，可是老师用手势制止了。

最后老师说：

你们听好了，只要有一个人敢在我的课堂上睡觉，我就没情绪讲课了，到时候一切后果由睡觉的同学承担。

动态情况介绍：

那位同学还是没有任何反应，于是老师干脆不讲课了。同学们就一会儿看看睡觉的那位同学，一会儿再看看那位满脸愤怒的老师。时间就这样一分一分地过去了，下课的铃声终于响了，老师愤怒地冲出了教室。接着那位同学也背起书包离开了教室。说实在的我当时心里非常难受。我认为那位同学没有接纳老师，老师也没有接纳那位同学。而他们彼此的不接纳，让我们这些无辜的人承受了浪费一堂课的后果。

如果您要问我他们究竟应该谁先接纳谁?那我的回应将是——人格层次更高的、更有智慧的要主动接纳弱者。在我看来他们这堂课的表现都是弱者。不管你有多少知识，你若不能接纳境界比你低的人，你的境界就和不被你接纳的人在同样一个水平、在同样一个平面上。因而我为他们两个的表现都感到遗憾，我更为老师的表现感到遗憾，因为老师们的境界理应比学生更高，老师的言行、心态影响着的是无数个学生。呜呼，哀哉！

我对老师的做法给出如下点评：

老师的做法不是接纳，而是讽刺、责怪、威胁。这样做的后果是让那个学生伤自尊、丢面子，并因此而讨厌老师、憎恨老师。而这样的结果不利于解决问题，也不是我们真正想要达成的目的。要是他因为听不懂才睡觉，那么假如他不改变学习方法，即使他不睡觉，也还是听不懂。那么就等于是他的问题仍然得不到解决。其实不让他在课堂上睡觉这还不是我们的根本目的，我们的根本目的是帮助他解决学习上的困难，对学习真正产生兴趣，把成绩提高上来。

考考你：

假如你是那位老师，而且你是一个非常善于接纳学生的老师，那么你将如何接纳上课睡觉的那位同学？你最好让现在身边的一个人，或一个物扮演那个睡觉的孩子，然后你真实地演练一下。等你演练完之后，再接着看下面的文字。

下面是我自己演练的时候采用的方法，也欢迎你给我指点！

假如我是老师，我会这样说：

“我知道你并不想在课堂睡觉，可是因为某种原因你终于克制不住了……我愿意和你一起努力、一起想办法、一起面对困难，争取以后上课不睡觉。”

（自我点评：这样的接纳会让那个上课睡觉的学生很感动，并因此他会敬重你、亲近你。也会真的争取以后上你的课不再睡觉了。）

作业

请你把下面这首诗与3个以上老师或家长分享。

亲爱的老师和家长：

如果你能感受我的感受，而不是把你的感受强加给我；

如果你能了解我的目的，而不是只想着你的目的；

如果你能尊重我的价值观，而不是用你的价值观套用我；

如果你能够了解我的性格类型，而不是要求我的性格也像你；

如果你能清楚我还是一个未成熟的孩子，而不是苛求我什么都懂；

如果你能觉察我当下的需要，而不是你认为的需要；

那么我将满怀理想和力量，不断成长和提高。

如果你能察觉我很自卑，十分需要鼓励和欣赏，给我鼓励，而不是给我打击；

如果你能看出我很孤独，十分渴望被关注和友情，给我关注，而不是给我蔑视；

如果你能发觉我很脆弱，经受不了猛烈的批评，给我支持，而不是给我嘲讽；

如果你能体会我家里很穷，不能像别人那么大方，给我理解，而不是给我白眼；

如果你能看破我很胆小，上课不敢举手发言，给我勇气，而不是给我压力；

如果你能领悟我很好动，我是个动觉思维形的小孩，给我克制方法，而不是体罚；

那么我将充满自信和智慧，不断成长和提高。

如果你能晓得，我也想改变自己；

如果你能清楚，我也很想考上大学；

如果你能懂得，我也想得到你的重视和表扬；

如果你能看透，我也想成为班长；

如果你能意识到，我也想为班级争光；

如果你能明白，我也很想成为好学生；

那么我将鼓足干劲和勇气，不断成长和提高。

大亨：驾驶员接纳能力越强，交通秩序越好

今天在路上，看见了两车相撞，彼此的车都有轻微损伤，造成交通堵塞。那两个司机打起来了，其中有一辆车是新买的，还没买保险。大家都围观，我的车也走不动了，只好下车看看。

两个司机仍然在互相抱怨、各说各的理。我终于忍不住了，从兜里掏出“接纳特训营”的宣传卡(像名片那么大)，分别给他们一人一张，然后对他们说：“哥们，我非常理解你们现在的感受，你们的确都各有各的原因、各有各的理、各有各的麻烦，等有时间一定要去‘接纳特训营’体验一下，保证现在的烦恼就会消失。”

那两个人都接过了宣传卡，其中一个没看立即就揣进了兜里，另一个也没看仍然拿在手里。于是我又说："哥们，我给你们的可不是名片，可以说那是幸运卡，它会给你们带来好运的，现在你们情绪不对劲可以不看，但回到办公室或回到家里可一定要拿出来看看！！！"

这时围观的人中有人也向我要"接纳特训营"的宣传卡，我就干脆在现场把兜里的宣传卡都发了。本来塞车搞得我也很心烦，可是我却利用了机会传播接纳，这让我心里变得又很满足，塞车被浪费掉的时间被我变得有意义、有价值了。同时我也在思考，接纳在交通中的确很重要。驾驶员的接纳能力越强，交通秩序就会越文明、越好，反之接纳能力越差，交通事故就会越多，塞车也会越严重。

哇噻！真是行行业业的人都需要学习接纳呀！

五分钟作业

如果你遇到了一个蛮不讲理的人。你该怎么办？

以下是对付蛮不讲理人的8种方法。你认为较好的方法，就在前面写个对号；你认为不好的方法，就在前面写个叉号，然后看点评。

想象自己和对方不在同一个平面，用可怜的目光解读对方的表演；

用压倒对方的气势，坚决打击对方的嚣张气焰；对方越是不讲理，自己越要锁定自己的目的。绝不掉进消极情绪的陷阱。

用智慧和理性选择有益达成自己目的的应对方法。

越看对方越来气。不能让对方觉得自己软弱好欺负。也要给他一点儿颜色看看。

决不做对牛弹琴的傻事儿，以退为进，能屈能伸；

坚持自己的观点，决不让步。决不妥协，以眼还眼，以牙还牙。

相信一切发生都是因缘而起。信缘、解缘、随缘。追求和解、和睦、和谐……

认为对方太自私了、太没良心了、太缺德了。对付这种人绝不能手软！

点评：

以上 8 种方法，1、3、5、7 为较好的接纳方法，2、4、6、8 为情绪化的非接纳的方法。

接纳并不等于赞同，接纳的目的是让自己看到、听到、感觉到更多的可能性，从而避免情绪，调动理性，选择更佳、更好、更棒的方法。

不管对方有多坏，有多不讲理，你若能够接纳对方，你就有希望能够真正战胜对方；你若不能接纳对方，事态的发展只会对你越来越不利，你的麻烦将会越来越大，你的处境将会越来越难，你离自己的真正目标将会越来越远。

你选对了几个？都选对了成绩为优秀，选对 5—7 个为良好，选对了 4 个以下的为不及格。

要加油啊，别忘了接纳渗透在生活的每一个细节中，生活的每一天都是接纳的课堂。

小九九：附加值与接纳

在销售的过程中提供一些文化附加值是推销员实施接纳的最高境界。

沿着推销的广义思索，你会发现其实社会的每个人都是推销员，大家都在忙着推销自己的产品、发明、服务、知识、感受、观点、理念、价值观、思想、信仰、研究成果、艺术、地位、身价、容貌、魅力等等。

不管是广义的推销，还是狭义的商品推销，总之我们每个人与推销的关系都很近，甚至可以说任何一件事儿都似乎与推销有关。

我现在越来越深切地感受到，无论你推销的是什么,在推销的过程中如能不断地增加附加值,便更有利于促销。

这里所谓附加值,是指除了所推销的产品以外,又给顾客免费提供的其他内容。

我个人极力主张各行各业的专业推销员应该把接纳的方法、摆脱各种烦恼的方法、教育孩子的方法、学习方法、记忆方法、保持身心健康的方法等当成附加值不断地推销给客户。我自己就是这样做的,我之所以成为保险分公司销售冠军，其中很重要的原因之一就是我能够免费提供给客户以上那些附加值。于是我感觉自己的身份既像是个推销员,又像是个传道士,这种感觉挺充实、挺幸福的。选择这些附加值的好处是：

●这些都是不用花钱，可以信手拈来的宝贵东西。

●无论对方年龄如何、身份如何,他都一定需要其中的一部分内容。

●给予这种附加值有利于提升自己的身价，给自己的形象增辉。

●提供这种附加值有利于不断提升自身的人格层次。

●奉献这种附加值利己、利人、利社会，是推动人类文明进程功德无量的好事儿。

那么如何让自己拥有那些方法呢?途径如下：

●接纳、唤醒内心深处的大我，因为只有他充满无穷的智慧和力量。由大我主宰我们的内在，你就很容易学会那些方法，并能灵活运用或演绎那些方法。接纳、唤醒大我的具体方法可参照我第二天讲课的内容。

●接纳、提升内在的主要小我，协助他们回到大我怀抱。因为只有这样，你自己的烦恼才能越来越少。所有的烦恼都是小我制造的，他们制造烦恼的目的就是提醒你他们要回到大我的怀抱，只要你能够带领他们回到大我的怀抱，他们就立即消失了，他们不在了，烦恼也就跟着消失了。你自己的烦恼越少，你指导人、助人的能力就越强。烦恼少的人，不是他没有挫折，而是他有智慧立即把挫折变成功课，并借此提升自己，于是烦恼就不会产生了。具体接纳、带领小我成长的方法，请参照我第三天讲课的内容。需要强调的是，当大我充满内在的时候，你的脸上才能呈现发自内心的微笑，而这种发自内心的微笑我在上次讲课的时候已经和大家分享了，那也是客户需要的，也是我们需要推销的。

●阅读《天天快乐的活法》、《24 小时改变孩子一生》、《2 4 小时改变你的一生》、《冲出早恋的迷宫》、《戒除网瘾 16 招》等书，你一定能从中学会摆脱各种烦恼的方法、教育孩子的方法、有效解决孩子各种棘手问题的方法、学习方法、记忆方法、克制早恋的方法、克制网瘾的方法、与家人愉快相处的方法、处理两性关系的方法、天天快乐的方法、快乐工作的方法、保持身心健康的方法等等。那些书的确太好了，我之所以能够成为销售冠军就是受益于那几本书所传播的理念及力法。

推销的关键在于能否满足客户的需求，推销的技巧在于发现和创造客户的需求。根据我的推销经验，无论是谁都可能有烦恼，他们都需要掌握彻底摆脱烦恼的方法，需要处理两性关系的方法，需要最好的教育孩子的方法，需要最好的学习和记忆的方法，需要快乐工作、快乐生活的方法，需要保持身心健康的方法，需要接纳的方法……而我们提供给他们的附加值正好可以满足他们的这些需要。

可能你们也很想知道我是如何把这些附加值分享给他们的?我通常采用的方法如下：

●手里经常拿着那几本书，目的是有意让客户关注那些书，若他们问及那些书，彼此就可能以此为话题聊开了，并且我会声明若对方成了我的保险客户，我会把这些书送给他。于是很可能就是因为他需要你提供的附加值，而需要你和你所要推销的产品了。

●每个周六、周日我都开展免费课堂，邀请一些准客户来参加，课堂上讲解、演练、分享书中的一些方法。这种学习方式特受欢迎。

●只要是我的客户，我坚持常年为他们做免费的心灵成长指导。客户在这方面的需要我几乎是有求必应。就这样我被越来越多的人需要着，越来越多的人愿意成为我的保险客户。如此工作着真是太有意义了！怎么样，我的经验对你有启示吗？赶快行动吧！最后想说的一句话就是——在营销的过程中提供一些文化附加值是推销员实施接纳的最高境界！

五分钟作业：

请你想一想，你是否也可以结合自己的工作或生活开展一些帮助别人摆脱烦恼和痛苦的工作。若真的很想。请与我们“接纳讲师团”联系。电话是：0755—83901165。让我们秉承责任、付出、感恩的理念，帮助更多人摆脱烦恼，带动更多人活出最佳状态。共同创造一个充满爱心、激情、祥和的世界！

大小姐：买鞋的故事

今天我买了两双鞋，也买来了运用“接纳”的一些新感受。

我一踏入卖鞋的那家店，一眼就看中了要买的那双鞋。鞋的标价是180元，按鞋的款式和质量来说，其实我心里觉得要价还不算高。可是砍价已经成了我的一种习惯，于是就有了以下讨价还价的过程：

我说：

给我便宜点儿，150元一双吧。

卖鞋的说：

再加10元钱，一百六十吧。

我说：

不加了，你要同意我买两双，给我女儿也买一双。

卖鞋的说：

行，一百五就一百五吧。

就这样，我买了两双鞋，花了 300 元，感觉挺高兴的。可是当我要离开那家店的时候，更确切地说是我付了钱之后，我发现那个卖鞋的满脸特别得意、特别高兴的样子，她对我也变得十分客气和殷勤……这反而让我觉得砍价砍得还不够狠，他赚多了，认为我傻。

往回走的路上，我越想那个卖鞋的前后表情的陡然变化，心里越觉得有点儿不是滋味，于是便产生了下面感叹：

我认为那个卖鞋的不懂接纳顾客的心理。其实不管他赚得多还是赚得少，若想让顾客下次再来，就应该让顾客感觉占了便宜，而自己没赚到钱，这样顾客心里才更高兴，因为买了物美价廉的东西，自然顾客下次还会再来的。

可是若让顾客感觉你赚得多了，即使你对顾客变得再热情、再殷勤，顾客的心里也会不舒服的，那么就很难成为回头客了。

每个顾客购买的过程中心理不同，卖方应该接纳、迎合顾客的心理感受和需求，而不是盲目地、自以为是地表现自己的感受和需求。

越能让顾客高兴和满意的说法和做法，越是深层接纳顾客的做法。越懂得接纳顾客，生意就会越好。

有了这些感悟以后，也就觉得自己也赚了，赚到了对接纳的更深感悟和理解，于是心情又恢复了灿烂。

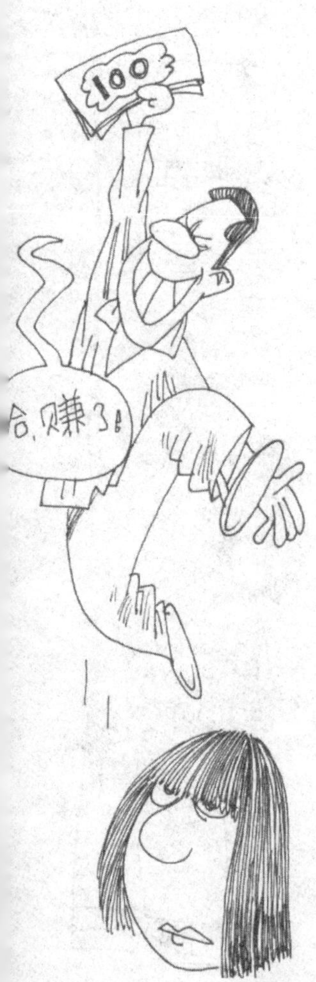

接纳感悟

“接纳”是一切沟通和互动的开始，“接纳”也是贯穿沟通整个过程的润滑剂。在哪个环节上忽略了“接纳”，哪个环节上就会出现阻隔或冲突。没有“接纳”，沟通就不可能顺利进行，也不可能达成我们预想的结果和目的。

唯有“接纳”才能尊重别人的看法，适度且不断改变自己的观点，不断以新的态度、新的角度、新的语言技巧……回应对方，从而使沟通富有弹性地进行。

一流的沟通者，绝不会朝着不当的方向硬冲，而是用接纳的心态，准确地测知沟通的阻力所在，然后找出双方相同的观点，顺势把整个沟通导向自己所要的方向。

“接纳”能使一个人思维变得更灵活，“接纳”有利于达成大家都赢的目的。

接纳警言

接纳的时候，表明你内在充满的是大智慧，所以你能够看破、放下、自在……

不接纳的时候，你内在充满的是消极负面的情绪，所以你表现得固执、偏见、保守……

你还有烦恼和忧愁吗？
你还有委屈和仇恨吗？
你还有悔恨和不安吗？
你还有焦虑和无奈吗？
你还有迷惑和恐惧吗？

如果你有其中任何一种负面情绪，那么只能说明一个问题——那就是你还没有接纳某些人或某些事。你没有选择接纳的时候，你就是选择了冲突、对立和烦恼……

一旦你能够接纳了，你就没有烦恼了，既然什么你都能够理解，心态就平和了；既然面对一切发生你都不足为怪，心境就坦然了；既然你能用因缘解读着一切，内在就宁静了。一旦你能够接纳了，你就没有忧愁了，既然什么你都能接纳，你就什么都能想开了；既然什么你都能接纳，你就什么都能对付了；既然什么你都能接纳，你就总能够作出正确的选择了。

第六天

你们的状态一天比一天好,太棒了! 今天我们先说一说接纳与和谐的关系，然后分步传授进行“接纳洗礼”的方法。

创建和谐的社会

必须重视接纳!

创造和谐的世界

必须运用接纳!!

接纳常识

大亨：接纳就是为了和一切存在说和

从我们和世界、和宇宙的关系来看，其实我们人生的目的，就是为了意识到我们和一切存在的关系和意义，从而接纳一切存在，和一切存在说和，和一切存在产生最亲密的联系。

倘若我们能够和一切的存在和谐相处，那么就表明我们和一切存在都发生了亲密的连接。

倘若我们能够和一切存在发生亲密的连接，那么就表明我们已经和一切存在成为了一体，小我变成了大我，我不只是肉身之我，我是更大存在的精神之我，最大的我可以和宇宙合一，即和宇宙一样大，我就是宇宙，宇宙就是我，天地人合一了。

倘若我们已经有了天地人合一的感觉，我们就能够自如地掌控一切存在，因为一切存在都在我们的感觉里，一切存在都是我们自身的某个部分。那时我们会变得最有智慧、最有力量和影响力！！！

大小姐：接纳是人生的开始，也是人生的过程

接纳是人生的主旋律，也是人生的开始、人生的过程、人生的目的……

人生的开始是父母，社会、世界接纳了我们；

人生的过程是我们不断学习接纳的过程，当我们接纳能力越来越强的时候，也就是我们可以接纳自己所经历的一切，接纳自己所面对的一切，接纳和自己有缘的一切，接纳未来、接纳整个世界的时候，我们就达成了人生的终极目的；

人生的终极就是我们接纳了一切存在和整个世界！到那时我们就能够和一切的一切说和了，我们就能够和一切的一切和谐、自然相处了。

小九九：接纳是道

一生一，一生二，二生三，三生万物；

万物皆有成、住、坏、空——即生成、发展、衰弱、消亡的过程；

万物皆遵循金木水火土——生克规律。

接纳——就是明白天理大道，晓得万事万物存在与发展的一些必然规律，顺应大道，尊重规律，每时每刻理顺自己所处的小系统，疏通小系统与大系统的关系，正所谓“无为而无不为！”

梦中情人：接纳是缘

一切存在、一切发生、一切关系皆有因缘，那因缘里面包含着命运的密码，就像DNA的密码一样，那是造化的旨意，偶然中存在着必然。

接纳——就是接纳因缘、接纳命运的密码、接纳造化的旨意、接纳偶然中的必然。

接纳——你接纳了一切存在、接纳了一切发生、接纳了一切关系，你就让那一切的一切都变得有意义、有价值了；你就和那一切的一切都说和了……

接纳——可以理顺一切关系，一切关系的健康发展必须建立在接纳的基础上。

开心果:接纳是快乐

不接纳——就会产生误会、冲突和矛盾,就会滋生烦恼和痛苦。

接纳——就会达成理解、和谐与统一,就会引发舒适和快乐。

接纳对方,就是更全面地、更深入地理解对方。人与人之间没有接纳和理解,就没有真正的爱。孩子最渴望的爱——是对自己的接纳和理解。

作为孩子,我呼吁天下的家长都要学会接纳 !

接纳的洗礼

在“接纳特训营”里，每个人都要经历一次接纳的洗礼，目的是透过接纳把内在积存的各种各样的烦恼彻底解除、处理干净，从而使内在、过去、现在所经历的一切和所面对的一切都变得十分有意义，感觉非常和谐。

接纳的洗礼具体步骤是：

●接纳父母；

●接纳自己的自然状况；

●接纳过去所发生的一切，并找出因为那些发生积存在心理的所有消极负面感受和情绪，然后接纳承载那些感受和情绪的小我，帮他们实现积极正面的意图和目的；

●接纳现在，找出现在让自己感觉不如意的一些事情，然后找到接纳它们的支点；

●接纳未来，就是用接纳的心态展望未来。

这种洗礼可以自己进行，也可以在指导者的协助下进行。接下来将由大亨、大小姐、小九九、梦中情人和

开心果联合给乔大路进行接纳洗礼，请您留意每一个步骤的具体操作细节：

第一步：接纳父母

大亨：朋友们，现在我来协助大路进行"接纳父母"

大亨：

你成为你父母的儿子，他们成为你的父亲和母亲，你是感到很满意，还是感觉有些不满和遗憾？

乔大路：

感觉有些不满和遗憾。

大亨：

请把你感觉到的主要不满和遗憾写在这张纸上。

以下是乔大路写在纸上的内容：

我总是感觉他们有点儿看不上我，好像从小到大，他们总在挑我的毛病，从来没有表扬过我，为此我心里一直很沉重、很压抑。他们俩个也经常吵架，家里气氛非常不好。

大亨：

请你把因为你父母对待你的方式从而使你形成的性格中的某些弱点和优点分别写在这张纸上。

以下是乔大路写在纸上的内容：

弱点：缺乏自信，心情郁闷，经常心烦……

优点：比较独立，特别想出人头地……

大亨：

如果你现在开始千方百计地努力，有没有一种可能，你把自身那些弱点都转化成优点？

乔大路：

有可能！

大亨：

假如你已经把那些弱点都转化为了优点，你已经变得充满自信、心情愉快、比较独立、志向远大……那么，可不可以这样想——你父母对待你的方式，是磨练你的功课，透过这门功课，你可以让自己变得更自信、更愉快、更独立、更有发展前途……

乔大路：

可以!

大亨：

既然你可以把父母的表现当成功课了，可以从中获得一些好处，那么你成为你父母的儿子，他们成为你的父亲和母亲，你现在拥有什么样的感觉?

乔大路：

我感觉挺好的，好像我跟他们有很深很深的缘分，一切的发生都与那个缘分有关，甚至我觉得我很爱他们!

大亨：

现在你已经能够接纳你的父母了。

乔大路：

这种感觉真好！！！

第二步：接纳自己

大小姐：朋友们，现在我来协助大路进行"接纳自己"

大小姐：

你对你的性别、容貌、身体状况感觉满意吗？如果有不满意的地方，请你把它说出来。

乔大路：

有些不满意！性别我觉得无所谓；

但我对自己的容貌不满意，个子太矮，眼睛太小；我对自己的身体状况也不满意，我的体质很弱，总爱生病。

大小姐：

在国内或国外你是否能够找出个子矮、眼睛小，但却成为了伟大的人的例子？

乔大路：

能，拿破仑就是。

大小姐：

在国内或在国外你是否能够找出比你身体更不好，但却活得很快乐，并且取得了伟大成就的人？

乔大路：

太多、太多了……

大小姐：

你是否赞同这段话："如果我们的身体有不足的地方，那正是上苍给予我们的挑战，目的是让我们以此为动力发愤图强，练就更好的心理素质，从而取得更大的人生成就。人生的意义不在于拿到一副好牌，而在于怎样出好一副坏牌。当我们能够把坏牌出得很精彩的时候，我们就会非常自豪，于是我们身体缺陷的部分反而更容易彰显自身的魅力。更何况当上苍给你关上一个门的时候，一定会为你打开另一扇窗。"

乔大路：

赞同。

大小姐：

既然你赞同这段话，那么你现在对你的样貌感觉怎么样？

乔大路：

我觉得挺好的，好像我就应该是这样。上天给我这样的体质，是为了磨练我。

大小姐：

你现在已经能够接纳你自己了。

乔大路：

是的，现在我很喜欢自己！

第三步：接纳过去所发生的一切

小九九：朋友们，现在我来协助大路"接纳过去所发生的一切"

小九九：

在你以往的人生轨迹上，不管是好的发生，还是不好的发生；不管是好的经历，还是不好的经历，现在你是否认为那一切发生、一切经历都起到了推动你成熟、成长的作用，因而它们都应该是非常有意义的？

乔大路：

有些可能是，有些可能不是。

小九九：

能举个例子说吗？

乔大路：

比如我被朋友欺骗过，一个很要好的朋友，竟然骗走了我辛辛苦苦几年的全部积蓄3万元。直到现在，一想到这件事儿，我的心里就很难受。我真的无法接受这样的现实。

小九九：

我非常能理解你的感受，请你看看以下一些信念，然后谈谈感受：

坚信、挫折和磨难都是上苍为了磨练和提升我们的心理素质而设计的功课；

坚信，那些无情无义、道德败坏的小人之所以会出现在我们生命的轨迹上，也许是上苍的安排，目的是为了更深刻地促动我们开智、开悟的；

坚信，只要我们找到了所有厄运里面都包含着对我们生命的升华有益的种子，那么我们就会从那些痛苦的情绪中解脱出来，内在积存的消极负面的情绪和感受就会消失。

乔大路：

我挺认同这些信念的，我刚才看了 3 遍，并联想到了我被骗的那件事儿，的确那件事情的发生让我成熟、成长了很多，而那种成熟和成长的价值要远远大于 3 万元的价值。

我明白了，人的成长和提高是要付出一定代价的，只要我们成长了、提高了，那么付出什么样的代价都是值得的，都不必再计较了，可能往往我们所付出的代价越大，收获也就越大。

小九九：

那么，现在让你再一次回首往事，你是否觉得其实每一件事情的发生都是有积极正面的意图和目的呢？

乔大路：

是的。

小九九：

那么在回忆往事的时候，你还会痛苦吗？

乔大路：

好像不会了，因为那些发生都已经化为了智慧和力量。

小九九：

你已经能够接纳过去所发生的一切了。

乔大路：

是的，我现在感觉很轻松，也很喜悦。

第四步：接纳现在

梦中情人：朋友们，现在我来协助大路"接纳现在"

梦中情人：

现在有没有让你感觉不如意的事情？

乔大路：

有，我对现在的工作不满意。我不喜欢我现在的工作，我感觉自己活得比较空虚。

梦中情人：

看看下面的文字，然后谈谈你的感想：

人生既要承担神圣的使命工作，又要承担职业工作。

所谓神圣的使命工作——就是不断提升自己的综合的素质、不断提升自己人格层次的任务和责任。

职业工作能够满足我们的物质需要，神圣使命工作能够满足我们的精神需要。但每一种正当的职业工作里面都包含着神圣的使命工作。

每个人都可能要经历人生的 3 个发展阶段：

全面发展阶段：这往往是人刚刚踏上社会的时候要经历的阶段，这个阶段也许你做的工作不是你所喜欢的工作，不过你在这个阶段所要达成的目的是全面体验人生，全面积累，从而为过渡到自由发展阶段做好准备。

自由发展阶段：按照自己的愿望和爱好选择工作，但是在这个阶段自己好像还不是很清楚自己究竟适合做什么样的工作，时而感觉很迷惘。

充分发展阶段：已经找到了自己非常喜欢，并且的确很适合自己做的工作。做着这样的工作自己的潜能得到了充分发挥，内心感觉十分充实。

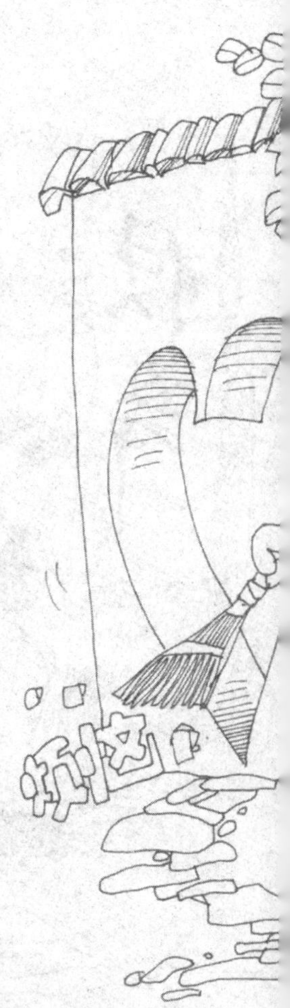

乔大路：

这说明我目前还处在全面发展阶段，在这个阶段最重要的就是要努力完成各个方面的积累。我好像知道我应该怎么办了。

梦中情人：

面对现状，你还有什么困扰吗？

乔大路：

没有了。

梦中情人：

这说明你已经能够接纳现在了。

乔大路：

是的，我能够接纳我现在生活中的一切了，我心里感觉很激动！

第五步：接纳未来

开心果：朋友们，现在我来协助大路"接纳未来"

开心果：

过去和现在所发生的一切你都能够接纳了，那么面对未来你有什么担忧或恐惧吗？

乔大路：

没有了，因为我已经知道了未来无论发生什么都有益于我的成长和进步。无论面对怎样的状况，我都能够千方百计从中找到对我有益的要素，于是那些有益的要素就会化为我的智慧和力量，协助我战胜一切困难。所以展望未来，我充满了信心和勇气。

开心果：

你的心态，会让你的未来变得越来越顺利。一个越有智慧的人，人生的路就越顺利。一个接纳能力越强的人，就是越有智慧的人，就是人生越来越顺利的人。

乔大路：

我将不断提升自己的接纳能力，不断提高自己的智慧。现在我感觉人生充满了意义和快乐。

接纳感悟

每时每刻我们是否能够接纳，决定着每时每刻我们拥有什么样的心情。

情绪是由生化反应引发的，我们每时每刻体内都会产生不同的生化反应，不同的生化反应就会滋生不同的情绪。生化反应是动态的，情绪也是动态的。也可以这样说，情绪每时每刻都伴随着我们。

接纳的时候，我们的体内就会产生良性荷尔蒙，并为我们制造良性的情绪；

不接纳的时候，我们的体内就会产生不良荷尔蒙，并为我们制造不良的情绪。

值得注意的是：人在锁定自己目的的时候，就善于接纳和掌控情绪；人在丢失自己目的的时候，就可能忽视了接纳，并且情绪失控。反过来也可以说，善于接纳和掌控自己情绪的人，往往能够锁定自己的目的；不善于接纳和控制自己情绪的人，往往容易丢失自己的目的。

小不忍，则乱大谋。那么如何忍呢——接纳就是控制情绪的最有力量的闸门。

有了接纳的能力，就不会陷入消极悲观情绪的陷阱，就能够锁定自己的目的，就有了弹性处理解决问题的能力和方法。

接纳警言

在每一天的工作和生活中，我们都免不了在很多细节里表现得比较主观，总是不知不觉地又扮演了“自以为是的角色”，为了让我们在更多的时刻保持警觉、运用接纳，我们应该经常问自己以下问题，并让这些问题深深地烙印在我们的脑海里，时刻提醒我们：

这是我的想法，还是对方的想法？
这是我的决定，还是对方的决定？
这是我的意思，还是对方的意思？
这是我的感受，还是对方的感受？
这是我的意愿，还是对方的意愿？
这是我的选择，还是对方的选择？
这是我的目的，还是对方的目的？
这是我明白了，还是对方明白了？

是我认为应该这样，还是对方认为应该这样？
是我愿意这样解决，还是对方愿意这样解决？
是我喜欢这样的结果，还是对方喜欢这样的结果？
是我感觉这样合理，还是对方感觉这样合理？

我解读的是自己的情绪，还是对方的情绪？

我解读的是自己的心理，还是对方的心理？

我解读的是自己的心态，还是对方的心态？

我解读的是自己的价值观，还是对方的价值观？

我们若能接纳一切一切的时候，就和一切一切的关系就都疏通了，那么一切的一切就都任由我们摆布了。

我们接纳的世界有多大，属于我们的世界和舞台就有多大。

浓情谢幕

大亨：

和你们相处了六天，我感觉很快乐。离别之际还想分享一点儿我修炼接纳的经验和做法：

选择一种或几种“接纳触发器”放在家里或办公室里或带在身上。所谓“接纳触发器”就是当你看到或听到或感觉到某一种特定东西的时候，你就能够立即想到接纳、运用接纳，那么那种特定的东西就是“接纳触发器”。

我在家里的“接纳触发器”是——墙上挂着“接纳”两个大字；

我在办公室里的“接纳触发器”是——摆放在办公桌上刻着“接纳——万事亨通”的石雕；

我还印制了一些卡片，上面写着我经常问自己的3个问题，并把卡片放在了衣兜里、钱包里……这叫随身携带触发器。

卡片上那3个问题是：

●此时此刻我接纳了吗？

●此时此刻我是在扮演抱怨者，还是在扮演责任者？

●此时此刻我是在扮演情绪者，还是在扮演智慧者？

接纳渗透在生活的一切细节中！

接纳是摆脱一切烦恼的唯一出路！

接纳可以彻底清除心理垃圾！

不接纳，寸步难行；接纳，万事亨通！

小九九：

就要分手了，再和你说点儿知心话：

如果你生气了，那是因为在生气的那个当下你没有接纳。

一个人越有智慧，他的接纳能力就越强。

也可以说，一个人是否有智慧，主要是看他接纳的水平如何。

接纳能力和水平是衡量人的智慧的简单而又可靠的最好方法。

所谓智慧就是离苦得乐的能力，善于接纳的人，就不会生出烦恼，烦恼和痛苦都是因为没有接纳引发的。所以一个人的接纳水平越高，显示他的智慧就越大。

我们都渴望成为慈悲、善良的人，但是唯有那些拥有接纳能力的人，才能真正成为慈悲、善良的人。

因为你只有接纳了对方，才会选择慈悲、善良的方式对待对方。

接纳别人，往往意味着不急躁、不鲁莽地伤害对方，而是选择更合理、更智慧的解决问题的方法。

智慧就是趋利避害；

智慧就是离苦得乐；

智慧就是逢凶化吉；

接纳就是最大智慧。

祝你成为智慧、慈悲、善良的人!

大小姐：

朋友们，就要说再见了，在此我还想强调：所有的消极负面情绪都是因为没有接纳引发的，立即接纳，问题就会迎刃而解，心里就会充满阳光!

每个人都应该学会运用接纳——接纳自己的父母，接纳自己的孩子，接纳自己的丈夫、妻子或情侣，接纳家族系统中更多的人……

接纳上司，接纳下属，接纳朋友，接纳同事，接纳客户……

家长接纳老师，老师接纳家长，家长和老师接纳学生，学生接纳家长和老师……

百姓接纳国家：国家接纳百姓……

接纳小人或异己，接纳伤害过你的人，接纳有缘与你相处的每一个人……

接纳自己，接纳自己的出身，接纳自己的性别，接纳自己的身体及容貌，接纳自己所经历的一切，接纳自己心里存在的各种各样的感受和情绪……

接纳一切存在，接纳整个世界!!!

再见，祝愿接纳给你带来好运!!!!!

梦中情人：

先生们、女士们，我们就要分手了。不过我们可能还有真实见面的机会，因为我们正在组织 7 天封闭式“接纳强化特训营”。

强化训练目的：

●进一步深挖潜意识里不能接纳的根源，把那些制造不接纳情绪、思想和行为的根源彻底铲除；

●进一步强化接纳意识，在潜意识里建立更多、更有效地引发接纳思想和行为的脑神经链——即思想、行为模式；

●进一步强化觉察能力和接纳能力；

●把接纳生活化、工作化，让接纳渗透到生活、工作的每一个细节中。

参训细则：

1.训练营划分为若干个小组，每个小组 15 个人，每个小组跟随三个教练，教练负责录像、拍摄一些镜头，主要是为了记录大家运用接纳的情况；

2.七天之内每个小组必须完成以下 7 项任务：

●义务讲演“接纳”，听众不能少于 30 人；

●全体组员共同参与帮助 3 个以上的人，解除内在的某些烦恼；

●全体组员集体创作一首以接纳为主题的诗歌；

●全体组员共同做 3 小时以上的义工；

●全体组员举办一次以“人生与接纳”为主体的研讨会；

●全体组员搞一次环保活动；

●全体组员去孤儿院或少年管教所举办一次献爱心活动……其他时间安排由小组民主协商决定。

3.每个小组成员既是监督者，也是被监督者；

4.要求每天 24 个小时，每个参训人员都必须做到接纳一切的一切，凡是被发现有没接纳的情绪和行为，发现者应立即举手，声明所发现的，然后由组员举手表决发现是否有效；

5.白天小组活动，晚上集中看录像，大家一边看录像，一边用接纳的观点、立场和原则议论、评估、分析、解读录像中每个人的表现。

以往，当队员们看到录像中自己表现的时候，都会产生很特别的感受和震撼。因为这是抽离看自己。甚至有很多人都是第一次抽离看自己的言行举止。往往抽离看自己的时候，才让容易发现和认识到自己的一些问题，于是才能下定更大的决心——立即改变自己。

七天中大家常用术语是："你没有接纳"，"你内在的小我在作怪"，"无论发生什么都应该接纳"，"你不要为不接纳找借口，应该为接纳找方法"，"烦恼是因为没有接纳造成的"……就是样，大家彼此互相监督着，也互相帮助、提高着……

在"接纳强化特训营"，每个成员人格中的很多问题都会暴露出来，问题暴露是好事儿，因为所暴露的问题都能在指导老师、助教和同学们的帮助下得到解决。因而可以说——这是彻底清洗潜意识之旅；是建立良好思考模式、行为模式之旅；是提高生命层次和人格层次之旅；是摆脱烦恼、离苦得乐之旅；是人生中非常重要的一次心灵之旅。

通常参加了这样的"接纳强化特训营"之后，觉察和接纳的能力都会产生飞跃提高。大家进一步清楚了接纳如何在生活的各个细节中应用。

以下是上次参加特训营的朋友的分享：

刘金平：

第一天的时候，我经常被警告——没接纳。真的一不小心自己就掉进了情绪的陷阱。几天来我越来越深刻地意识到接纳就快乐，不接纳就痛苦；接纳就顺利，不接纳就受挫；接纳就和谐，不接纳就冲突。值得庆幸的是，我被警告的次数一天比一天少，并且到了第七天，我竟然没有被警告，也就是说每时每刻，对待每件事儿，对待每个人我都能够接纳了，那种感觉真好！噢！那种感觉真的太好了，朋友们赶快也去享受那种感觉吧！！！

戴娜：

以前我对丈夫和孩子都不能接纳，经过这七天的训练，我的心态、心情、为人处世的方法都变了许多，我的丈夫和孩子都说我变化很大，同事和朋友们也说我变化很大，我的确也感觉到了我的变化给家里和办公室都带来了祥和的气氛。

陈尚龙：

接纳的确太重要了，在七天“接纳特训营”中，我是我们小组每天被警告次数最多的，这深深触动了我，让我明白了自己过去的心态和思维方式都存在着非常严重的问题，我认真地改变着我自己，如今我冷漠的脸上出现笑容了，我身边的人都感觉到了，而我同时能感觉到那笑容也在我的心里。

朱嫒嫒：

以前我是典型的抱怨者，所以人际关系一点都不好；如今我已经变成了责任者，我感觉到了我的魅力正在增加。

和自己喜欢的人在一起，心理能量就容易增加，感觉就快乐；

和自己不喜欢的人在一起，心理能量就容易下降，感觉就痛苦。

当你具有了“接纳”能力的时候，你就能够做到，让你身边的人，以及你有缘接触的任何人，都喜欢你、信任你、认同你、服从你……因为你能够接纳他们，他们因此会感觉你能理解他们，并且觉得你有点儿像他们，于是会认为你很亲切，继而认同你很好。

一个人的接纳能力越强，就越有感召力、领导力和人格魅力。

姜蕨：

接纳是为了维护更公正、公平、合理的原则，接纳是为了顺应大道，接纳是为了有更大的作为。

接纳的目的是为了更深入、更全面地觉察和了解对方，从而选择更有利于达成我们与对方沟通、互动的方式和方法。

接纳就是透视他的状态，选择与他相处的方式，更有益于达成双赢的目的。

郝莲芳：

接纳让我学会了和不能接纳我的人相处的智慧，那就是面对不能接纳我的人，我要立即选择以下三个原则回应：

●不必怨他，我知道他的所有表现都可能是上苍的意思、上苍的安排，目的就是考验我、磨练我；

●他不过是最适合扮演那个角色的人；

●我要借助他的表现，提高我自己，我坚信如果我更有智慧和方法，就没有能够难倒我的事情。

接纳就是为了让我们看到、听到、感觉到更大的系统；看到、听到、感受到更大系统中的更多相互关联的要素；看到、听到、觉察到更多的因缘、因果关系。一个善于接纳的人，有利于建立系统秩序!!! 要求别人接纳自己，便是向别人索取能量，索取来的能量容易丢失，一旦能量出现减损，就会感觉特别不舒适。

自己主动接纳别人，便是向内心深处开发自己的能量，开发出的能量不会丢失，永远存留在你的心田。

邱正义：

在生活的每一天，每一个细节中都需要运用“接纳”。要想做到每时每刻都顺心、快乐，就必须运用“接纳”。

接纳是一切沟通的开始，唯有接纳，沟通才能富有弹性地顺利进行。接纳能使一个人的思维变得更灵活，接纳有利于达成大家都赢的目的。

接纳切记不要自以为是，一定要千方百计地进入对方的心理频道，让自己拥有对方的感觉和想法，而不是只停留在自己的感觉和想法里。你接纳了对方，对方才能接纳你，于是才能创造你渴望的沟通氛围，达成相对完美的沟通结果。

欢迎您参加“接纳特训营”!!!

开心果：

大朋友、小朋友们，我们就要说再见了，我会想念你们的。真希望你能经常看看这本书，这样我们就又可以见面了。每次你看到我的时候，别忘了，我是你的好朋友，我永远在为你加油！祝福!!!

我还要代表青少年朋友们再次呼吁：接纳是家长和老师与我们沟通不可忽略的第一步，而且是非常非常重要的一步，缺少了这一步，就可能会引发逆反、对抗的情绪。

●请接纳我们当下的意图和目的；

●请接纳我们当下的情绪；

●请接纳我们的性格类型；

●请接纳我们对事情的看法和价值观；

●请接纳我们的局限和幼稚，协助我们找到成长的支点……

当然了，接纳我们，并不等于纵容我们，而只是要理解我们，并且选择正确教育我们的方法。正确教育我们的方法是：

●比较选择的方法；

●签协议的方法；

●民主协商的方法；

●文字沟通对方法；

●幽默提示的方法；

●传达正面信念的方法；

●越是表现不好的时候，越需要欣赏、鼓励的方法；

●父母扮演被拯救者，让孩子经常扮演拯救者的方法；

●角色互换的方法。

(温馨提示：以上正确教育孩子方法的具体说明写在了《24小时改变孩子一生》的书里。)

以下十种教育孩子的方法，都是没有接纳我们的方法：

●发号施令；

●责怪责骂；

●唠唠叨叨地说教；

●自以为是的主观建议；

●惩罚；

●威胁；

●武力；

●溺爱；

●透过眼神、表情和动作所流露的讨厌我们的情绪；

●漠不关心、放任自流……

父母和老师能够接纳我们，我们就会变得越“V”(发啦)，越有行动力，越出色！

我也要再次呼吁青少年朋友，我们也要学会接纳父母和老师，不管谁成为了我们的父母，谁成为了我们的老师，这都是我们命中的缘分。即使他们不能接纳我们，我们也要学会接纳他们。谁先能接纳别人，谁的水平就更高。一旦我们能够主动接纳他们，他们就会被我们所征服的，这是我的切身经历得出的感悟。

还想对青少年朋友们说的是，无论你遇到了什么困难，都不要自卑，你瞧我这么丑，又这么弱小都扛住了各种压力和困难，只要把接纳装在心里，它就会为我们滋生无穷的智慧和力量。

请你相信——只要你天天想着接纳，接纳就一定会协助你趋利避害，吉祥如意，好运滚滚来!!!

拜拜!!!!!!!

大亨：

你渴望事业更顺利吗？

大小姐：

你渴望你所爱的人更爱你吗？

小九九：

你渴望拥有更多的朋友和客户吗？

梦中情人：

你渴望每时每刻都能拥有好心情吗？

开心果：

你渴望得到老师、同学的关注和重视吗？

你渴望得到爸爸妈妈的理解和尊重吗？

五人齐声说：

立即运用接纳，接纳就可以达成以上各种愿望！

附录：要点注解

注解(一)：关于生命和人格的六个层次

人生是有目的，也是有高低层次之分的。人在不同的生命层次所拥有的人格特质不同，目标理想不同，心理能量不同，价值观不同，自我价值感不同，散发出的魅力不同，智慧不同，方法不同，生活方式不同，心态不同，快乐感不同，人生观不同，接纳水平不同……

以下是人生的六个层次，以及不同层次的人格主要特征：

第一个层次：这个层次的人没有人生目的，也没有任何责任心。这种人是精神死亡的人，他们几乎没有进取心，也没有自尊心，处在混吃等死的状态，非常麻木，成为家庭、社会的寄生虫。

这个层次的人，只具有较低动物的属性，无法融入社会。这个层次的人也叫——没有任何责任心的小我或精神死亡的人。这个层次的人根本不懂得接纳。

第二个层次：这个层次人生的主要目的——是为了满足自己。只为自己的利益负责任。这种人极端自私，凡事儿以自我为中心，丝毫不在意别人的感受和想法，容易伤害别人的感情，冒犯别人的利益，精神麻木。

这个层次的人，社会化程度较低。这个层次的人也叫——极端自私自利的小我。接纳的时候，除了存在着本层次人格的局限以外，同时存在着第三层次、第四层次、第五层次的人格局限。

第三个层次：这个层次人生的主要目的——是为了维护小家庭的利益。只为自己小家庭的利益承担责任。这种人狭隘、保守、唯利是图、损公肥私、斤斤计较、一心一意为小家庭谋利益，不考虑集体和社会利益，精神空虚。

这个层次的人，社会化程度仍然较低。这个层次的人也叫——以家庭利益为重的小我。接纳的时候，除了存在本层次人格的局限以外，同时存在着第四层次、第五层次人格的局限。

第四个层次：人生的主要目的——是为了维护所在单位或集体的利益。愿意为所在单位和集体利益承担责任。小我又长大了一些，能够关注周围人的利益，因而比较受身边人的欢迎，做事儿基本能够遵循双赢原则，也基本能够遵守社会公德，精神比较充实。

这个层次的人，社会化程度较高。这个层次的人也叫——以团队或集体利益为重的小我。接纳的时候，还剩下两个层次的局限，即本层次人格的局限和第五层次人格的局限。

第五个层次：这个层次人生的主要目的——是为了服务国家，愿意为国家利益承担责任。小我已经接近大我，有较高的理想和志向，心胸宽广，但仍然会产生消极负面的情绪，也还会存在思想上的某种主观偏见，精神很充实。

这个层次的人，社会化程度较高。这个层次的人也叫——以国家利益为重，但却忽视了全人类的利益，比较接近大我的小我。接纳的时候，只剩下了本层次人格的局限。

第六个层次：人生的主要目的是为了——关爱全人类，关爱整个大千世界，愿意为全球的幸福承担责任。小我已经变成了大我，彻底摆脱了人的局限性、狭隘性、自私性，内心充满了神性、崇高性，潜能得到了较充分的发挥，能够平和地接纳一切的存在和一切的发生，任何当下都不会发泄消极负面的恶劣情绪，也不会显现人性的弱点，言行全然能够和宇宙大道同频共振。精神充满了宇宙的能量，拥有天人合一感。

这个层次的人，充满了人的崇高性和神性。这个层次的人也叫——关爱全人类的人或大我，或天人合一的我，或最高智慧的我，或恒常快乐和幸福的我……接纳的时候，已经没有任何局限了。

提示1：什么叫人的社会化程度？

人有三种属性：动物性、社会性和神性。人的社会性，是指人参与社会、适应社会、建设社会、成为社会成员的过程。一个人的社会化程度越低，表明他越无法融入和适应社会，也不能在社会中发挥积极作用；一个人的社会化程度越高，表明他越能够遵纪守法，越懂得文明礼貌，越能够在社会中发挥积极作用。

提示2：什么叫大我？

当人到达第六个生命层次的时候，精神之我就和天地、宇宙融合了，也和一切的存在融合了，这个时候的精神之我是无限的，所以叫大我。

提示3：什么叫小我？

处在生命第六个层次以下的精神之我都叫小我，只是层次不同。越是较低层次的小我越有局限性、狭隘性和自私性；越是较高层次的小我相对越有智慧、自信和能力。

提示4：人人心中都有大我

每个人一出生大我就已经存在于他的内在了，有觉悟的人，较早就把大我唤醒了；没有觉悟的人，大我就只好沉睡在他的心里。这也就是说每个人内在都有人的崇高性，每个人都可以成为大我，大我成长的程度取决于觉悟和努力。

另外，即使已经进入了第六层次成为了大我的人，也同样会有较低层次的一些需求，然而他主要人格显现得已经是最高层次的光辉了。

提示5：要尽快唤醒心中的大我

所谓唤醒大我，就是去探索、去感受、去倾听心灵深处大我的愿望和想法，然后让大我的意识充满你的脑子，让大我的品格充满你的心灵，让大我的智慧指导你的行为，让大我的语言成为你的语言，让大我的感觉充满你浑身的每一个细胞……具体做法请参看小九九第二天讲的“接纳和唤醒心灵深处大我的故事”。

提示6：小我存在的正面目的

小我的层次越低，烦恼和痛苦就越多。到达大我层次的时候，人就没有烦恼和痛苦了。

任何层次小我的存在都会给你制造是非和麻烦，让你烦恼和痛苦，而他们这样做的目的是为了引起你对他们的关注和重视，为了让你带领他们回到大我的怀抱。

其实小我用心良苦，他们想用痛苦刺激你、提醒你加快心灵成长。只要你的人格提升了一个层次，那么原来那个层次的小我就消失了，因为他们的目的达成了，不过他们的最终使命并没有达成，于是由下一个层次的小我继续承担他们共同的最终使命，那就是让你最终成为第六层次的大我。

一旦你的内在完全充满了大我的意识和智慧，各层次的小我就纷纷消失了。你内在的大我越真实、稳定，小我消失得就越彻底。假如大我还处于朦胧、模糊、隐约的状态，小我就还会坚守岗位、努力给你制造各种烦恼和困扰，催促你快一点儿提升。

如此看来，我们内在的每一个小我都值得我们去关注、关爱、关心，他们一直含辛茹苦地为我们承担着责任，我们却不能真正理解他们，还不断地给他们加砝码，还不断地给他们增加压力……对待他们我们表现得那么麻木、自以为是，遗憾哪！我们真要是懂得感恩的人，我们就应该尽快解放他们，让他们回到大我温暖的怀抱，他们真的好辛苦、好累，真的需要大我的安慰和爱抚。

无论你现在处在哪个人生的层次里，你都能够把内在的大我唤醒。但是人在较低层次的时候，大我即使被唤醒了，大我也不能在他的内心占据主导地位，因为那里面有很多较低层次的小我不肯让位。随着你内在小我的不断提升，原来的小我就会纷纷退场，当大我成为你主导人格的时候，你内在的人格就统和了，你就有了天地人合一的感觉。加油，努力吧！

提示7：关于六个层次的更新说明

关于生命层次和人格层次，我在《天天快乐的活法》、《24小时改变孩子的一生》、《24小时改变你的一生》那三部书中，参照了马斯洛的需求层次论，把人生分为了六个层次：

生理、生存的需求；

安全、安稳的需求；

被认同、接纳的需求；

被重视、欣赏的需求；

自我实现的需求；

真我实现的需求。

有些读者对那六个层次的理解感觉挺费劲的，于是我试图找到一种逻辑，能够更通俗地区分生命和人格的六个层次。后来就形成了新的六个生命层次的方去。

注解(二)：关于“三维心灵营养素”

营养素的概念，大家都熟悉。为了维持身体健康，大家都注意补充蛋白质、维生素、钙等。可是给自己的心灵补充营养却被很多人忽视了。其实我们的心灵更需要营养。如果心灵缺乏营养，就会出现烦恼、郁闷、焦虑、狭隘、自卑、空虚、悲观等消极负面的状况。

近几年来，差不多每天我都不得不回应一些心理咨询，协助一些绝望、痛苦、困扰、抑郁的朋友整合内心世界。

我常用的处理解决各种心理问题的主要方法是：

1.接纳；

2.推动对方心理能量、人格层次提升；

3.修改脑内图像和神经链。

通过大量的实践，我越来越感觉这三个方法的有机结合，可以协助各类朋友有效地摆脱各种各样的烦恼和痛苦。

全国各地的“心灵成长指导老师”们，在采用这三种方法进行心理咨询的时候，也纷纷认为这三种方法透视问题深入、准确，并且能从根本上解决问题，速度快、效果好，指导者在整个过程中不会迷惑，方向清晰，得心应手。

这是因为：

●唯有推动人格层次和生命层次提高的方法，才能确保改变的持续性和比较稳定的效果。人格层次和生命层次没有得到改变的方法，如果说有效，那效果也是短暂的，经受不住考验的，容易反弹的。

●唯有深入潜意识改变脑神经链的方法，才能彻底改变一个人的观念和行为习惯。其实脑神经链就是我们的思考模式和行为模式。我们每时每刻的想法和行为都受脑神经链的影响和控制。每一个脑神经链都对应脑内的一个画面，调整和改变脑神经链是通过调整和改变脑内画面实现的。

●唯有接纳，才能理顺系统和全局，才能更有智慧、更有方法地处理解决各种问题。

因而我把这三种方法看作是解决心理问题非常核心和非常根本的方法。总想把这三种方法联合起来：统一起一个名。今天凌晨四点钟：灵感终于涌现了，于是我立即起来，打开电脑，记录、梳理着潜意识给我提供的灵感。

●我把这三种方法联合起来起名为——三维心灵营养素。

●把“接纳”的方法，叫做“心灵蛋白质”；

●把“提升心理能量和人格层次”的方法，叫做“心灵钙片”；

●把“调整脑内图像和神经链”的方法，叫做“心灵维生素”。

于是我脑子里又产生了以下一些画面和情节，也许看了下面的内容，你对“三维心灵营养素”领悟得更深了：

妻子：

我今天当众跟领导发脾气了，我觉得他有点儿偏心，我把他搞得挺没面子的。现在我有点儿后悔了，真担心以后他会给我穿小鞋。

丈夫：

我觉得你应该用点“心灵蛋白质”。

妻子：

“心灵蛋白质”是什么？

丈夫：

是心灵补养品，又名“接纳”。

妻子：

“接纳”是啥意思?

丈夫：

“接纳”就是在为人处世的时候，更客观、更深入地看清楚每个人，以及种种要素之间的因果关系，然后用理性而不是用情绪，用最有智慧的方法而不是随意冲动的方法，带动和牵引诸多要素朝向自己的目的。

“接纳”是人人都必须掌握的一种为人处世的技巧和能力。运用接纳，为人处世就得心应手了；运用接纳，就没有烦恼了；运用接纳，就更受重视了；运用接纳，就更受欢迎了……

每天使用“接纳”，可以变得智商高、运气好、逢凶化吉、万事亨通……正因为“接纳”太重要了，所以把它看成是“心灵蛋白质”。现代人不仅要给自己的身体补养，也要善于给自己的心灵补养。

你应该好好读一读《接纳》那本书，也许读了书之后，你就会找到妥善处理解决这件事情的方法了。

妻子：

好的，谢谢老公!

丈夫：

小亚回来了吗?

妻子：

回来了，出去和同学玩球去了。刚才路上我碰到小亚的班主任老师了，老师说小亚哪方面表现都挺好，就是上课不敢举手发言。

丈夫：

我明白了，小亚需要用“心灵维生素”。

妻子：

“心灵维生素”又是啥?

丈夫：

人的一些习惯行为，是受脑子里那些相关的脑神经链支配的。脑神经链其实就是我们常说的思考模式和行为模式。 小亚上课不敢举手发言，一定是因为他在较低年级的时候或可能是在幼儿园的时候，举手发言回答问题说错了、出丑了，于是就形成了恐惧举手发言的脑神经链。

想改变某一种习惯行为，就必须要改变脑子里支配那个行为习惯的脑神经链，而要想改变脑神经链，就要改变脑子里与之相对应的图像。因为每一个脑神经链都有一个与之相对应的图像。改变脑内图像很容易，闭上眼睛跟随引导想象就能实现。

这是一门很有意思的技术。我们把这门技术叫做“心灵维生素”。意思是用修改脑内图像和神经链的方法可以让大脑里面遍布积极正面的脑神经链，充满生机、感到滋润。

我正在看关于如何修改脑内神经链的书——《24 小时改变你的一生》和《24 小时改变孩子的一生》。等我掌握了书中的方法后，我帮小亚改变那个恐惧的脑神经链。

妻子：

老公，我发现你变了很多，不喝那么多酒了，也增长了很多学问。

丈夫：

那是因为我用了 “心灵钙片”。所谓 “心灵钙片”就是提升心理能量和人格层次的方法。经常用点儿“心灵钙片”，心理能量就增加了，人格层次就提升了。

获得能量就快乐，失去能量就痛苦。人的所有烦恼和痛苦都是因为丢失了能量引发的。所以经常吃点儿“心灵钙片”就能够有效避免引发烦恼和痛苦。

生命是分层次的，不同层次的生命,表现出不同层次的人格特征。一个人的生命层次、人格层次越高，就越有智慧和方法。 就越有智慧和力量,就越有宏伟理想和目标……

我的变化,就是因为用了“心灵钙片”，其实我同时也在用“心灵蛋白质”和“心灵维生素”。

妻子：

我也想用“心灵钙片”。

丈夫：

那你就看这本书《天天快乐的活法》。

妻子：

我们也应该让小亚经常用“三维心灵营养素”。

丈夫：

我也是这么想的，从今以后咱们家的人不但要经常使用“三维心灵营养素，”我们也要把它分享给亲属和朋友们。

妻子：

老公你真棒!

再次强调:我们的身体需要营养,我们的心灵更需要营养。如果我们时时刻刻都注意觉察和接纳，如果我们每一天都在提升自己的人格层次和生命层次,如果我们善于利用脑内图像、脑神经链和行为习惯的关系来整理潜意识、调动潜意识、策划潜意识、运用潜意识,那么我们的心灵就会营养丰富,我们就能够活出最佳状态。

注解(三):关于"∨"(发啦)和"∧"(趴啦)

如果你留意观察大自然中的一些植物，你会发现——在各种旺盛植物的长势和形状里都蕴含着一个意象，这个意象可以用"∨"这个符号来表示，它象征着茂盛、蓬勃、繁荣……

在各种植物枯萎的时候，也隐含着一个意象，这个意象可以用"∧"这个符号来表示，它象征着衰弱、凋谢、枯萎……

"∨"和"∧"是直觉悟性和理性结合的产物。

我们把"∨"这个符号叫"发啦"；

我们把"∧"这个符号叫"趴啦"。

其实植物和人是同理同法的。树是站立的人，人是会走的树。人也存在"∨"(发啦)和"∧"(趴啦)这两种状态。

处在"∨"(发啦)状态中的人主要特征是：

●外表：精神抖擞、有力量、意气风发。

●声音：响亮、温和、友善。

●心理：自信、乐观。

●品德：善良、正直、潇洒、坚强、勤奋、勇敢、开放、博学、智慧、无私、民主、大度。

●行为：朝向人生的正确目标，处在良性发展的轨迹上。

●身体：体内分泌对身体有益的良性荷尔蒙，增强免疫力，促进身体健康。

这也是永葆青春的秘诀。

处在"∧"(趴啦)状态中的人主要特征是：

●外表：目光无神、萎靡不振、浑身无力。

●声音：或有气无力，或非常粗暴，缺乏理解和友善。

●心理：自卑、痛苦、孤独。

●品德：悲观、消极、拘谨、脆弱、怯懦、保守、固执、愚昧、懒惰、自私、专制、狭隘、吝啬、软弱。

●行为：行为背离了正确的人生目标，处在危险的轨道上。

●身体：体内经常分泌过量的肾上腺素和去甲肾上腺素，对身体造成不良影响。身体可能会有一些因为心理原因导致的疾病。

“V”(发啦)和“∧”(趴啦)就好像是我们感觉的语言，它们可以表达我们自身能量的状态和能量的变化等情况：

“V”——表明我们自身能量很大

“∧”——表明我们自身能量很小

“V”——表明能量在上升

“∧”——表明能量在下降

“V”——表示接收能量的管道畅通

“∧”——表示接收能量的管道堵塞

当我们感觉“V”(发啦)的时候，就表明我们的能量增加了；当我们感觉“∧”(趴啦)的时候，就表明我们的能量减少了。